JN066181

はじめに

私は１９８８年に、神戸で「リリパット」という子どものための英会話スクールを開校しました。

まだインターネットなど普及していない時代。地道に一軒一軒チラシを撒いて生徒を集めていきました。

そうして集めた生徒たちの口コミにより、そのユニークな教授法が大好評を博し、マスコミにも再三取り上げられました。

その後１９９５年の阪神淡路大震災に遭うまで、阪神間に会員制教室を5校、月謝制教室を30か所まで増やして、１０００人以上の生徒を集めていました。

２００６年からは、幼児期の教育が人格形成にもとても重要だと実感し、英語習得のみならずよりよい人間教育を目指して、３歳から6歳までの子どもを預かる英語プリスクールをスタートしました。今も私は保育士として子どもたちを観察指導しています。

これまで40年近く、2歳から高校生まで数千人の子どもを見てきましたが、英語の成果をグングン上げていく子には、必ず共通点がありました。

それは、**みんな英語を好きになって、わかってもわからなくても英語を楽しみ、自分から学ぼうとする**ということです。

親御さんにやらされるのではなく、親御さんが何も強制しなくても自分から積極的に、聞きたい、わかりたい、話したい、読みたい、書きたいと思って学んでいたのです。

私が、自身の英語スクールで大切にしてきたことは、単語をいくつ覚えたかとか、テストでいい点を取るとかではなく、まさしくそういう姿勢を育てることでした。

ですから、何よりも一生懸命に「英語を好きにさせる」ということに取り組んできました。

そして、その成果は既に社会人となった卒園生、また大学生や高校生や中学生となった卒園生たちが証明してくれています。

40年間、そして今も取り組み続けている、「英語を好きにさせるコツ」を、あなたのご家庭でもできるようにまとめたのが本書です。

本書では、年齢別にその方法をご紹介していこうと思います。その子の性格や年齢やレベルに合った英語との接し方を提供してあげれば、何歳からでもきっと英語を好きになってくれると思います。

年齢別に、お勧め You Tube 動画や英語絵本などをご紹介し、接し方のアドバイスなども書いています。

大切なのは、何歳から始めるかではなく、英語を好きにさせて、自分から積極的に学ぼうという姿勢を育て、英語を使う必要性がでてくる大人になるまでに、必要な量の英語がインプットできるようにするということです。

英語が苦手な親御さんでも取り組めるように、むしろ親御さんも一緒に楽しんでもらえるといいなと思っています。

参考になれば幸いです。

※本書では You Tube の動画などをＵＲＬを掲載し紹介していますが、チャンネル元の都合でＵＲＬが変更になったり、動画が消去される可能性もあります（リンクはすべて２０２１年９月現在のものです）。また、データの通信料はご覧いただく方のご負担となります。通信料が高額になる場合がありますのでご注意ください。

contents

STEP2 年齢別英語環境づくり 31

STEP3
異文化行事で英語に触れる……227

STEP4 英語教育専門機関に頼るなら

Step1
好きこそものの上手なれ

成果をあげる子どもに共通していたこととは？

私は、1988年から自身で子どもの英会話スクールを創めましたが、その前に6年間、サラリーマンとして、ブリタニカという外資系の子ども英会話スクールのマネージャーをしていました。

ブリタニカは、世界的に名前を知られた会社でしたから、イギリスのケンブリッジやアメリカのハーバードを卒業した優秀な外国人講師がたくさんいました。けれど、当然ながら、子どもたちがみんな英語ができるようになったというわけではありません。

親に無理やり連れてこられた子どもたちの中には、結局英語にはまったく興味を示さなかった子どももいました。子どもたちに成果をあげさせることが、マネージャーとしての私の仕事だと思っていたので、私はスクールにやってくる子どもを一生懸命

観察し、どうしたら成果をあげることができるのかと必死で考えました。
そして、色々な子を観察しているうち、2つのことに気づきました。
1つは、強制して覚えさせようとしてもほとんど効果がないこと。無理やり覚えさせた子どもは、その時覚えたと思っていても、次に来た時にはもう忘れていました。
そして、もう1つは、**成果をあげる子たちは、英語学習を楽しんでいる**ということ。「楽しい！」「面白い！」と思いながらレッスンを受けているのでした。それは、レッスン中のキラキラした目、大きな笑い声、楽しそうな表情に表れていました。
そう、成果をあげる子は、英語が大好きでした。当然ですね。子どもには、英語を学ぶことが「楽しい！」と思わせることが大切なのです。

〈POINT〉
○無理やり強制して覚えさせようとしてもほとんど効果がない
○その時覚えたと思っていても、興味がないからすぐに忘れる
○成果をあげる子は、「楽しい！」「面白い！」と英語学習を楽しんでいる

成果をあげる子どもの親御さんに共通していた態度

さらに気づいたことは、親御さんの態度です。

成果をあげる子の親御さんは、子どもがレッスンでしたことを嬉しそうに報告したり、覚えた英語を口にすると、それをニコニコと嬉しそうに聞いてました。ほとんどは、黙って聞いて子どもにしゃべらせるか、せいぜい相槌を打つ程度でした。

一方で、成果があがらない子の親御さんの中には、子どもの話に興味がなさそうだったり、子どもが習った英語を口にしたら、「パーポーじゃないでしょ！　パープルでしょ！」なんて発音を矯正する親御さんもいました。

そこで私は、**子どもが英語は楽しい、英語が好きだと思うかどうかは、親の考え方や接し方も大きく影響している**ことに気づいたのです。

子どもは親が大好きで、親に認めてもらいたいと願っています。ですから、自分が習ったこと、覚えたことを親御さんに喜んで報告しようとするのです。

その時に、注意されたり、間違いを指摘されたりするとどうでしょうか？ いつも批判や非難や矯正をされ続けると、自信をなくしてしまうでしょう。また、子どもが嬉しそうに覚えたことを報告しても、親が何の関心も示さなければどうでしょうか？ 子どもはやる気や興味を失ってしまうでしょう。

どんなに子どもが能力を持っていても、親御さんがそれを批判したり矯正したり無視したり無関心でいると、子どもは興味をなくしてしまいます。子どもの才能を生かすも殺すも親次第ということなのです。

〈POINT〉

○子どもが嬉しそうに報告してきたことは、親も嬉しそうに黙って聞く

○親が批判したり矯正したり無関心でいると、子どもは興味をなくしてしまう

記憶力やテクニックより大切なものとは？

実は今、ネットにあふれている英語教育のやり方のほとんどが記憶力に頼るやり方です。これだけのセンテンスを覚えれば会話ができます。だから、必要なセンテンスを覚えてしまいましょうと。

大人にはそれでいいですよね。必要に迫られているから必死で覚えようとするのでしょうし、使う機会があるのでしょうから。

でも、子どもにはそういうやり方は通用しません。必要のないものを覚えようとはしないし、仮に覚えても使わなければすぐに忘れてしまいます。

大人には通用する言い換えなどのテクニックも、残念ながら子どもには通用しません。子どもには、もっと大切な基礎の部分、言ってみれば、根っこの部分が必要なの

です。

幼児期の英語教育の目標は、聞いて、話して、読んで、書いてという、私たちが日本語を覚えたのと同じプロセスを、自然に歩ませることです。

そのために**必要なのは、英語に対する興味**です。

日本では、英語は日常自然に聞こえてくる言葉ではありませんから、人為的に環境を作らなければなりません。

そうして、興味という根をしっかりはらせておくのです。興味という根をしっかりはらせておけば、その根が地中の栄養を吸い上げ（学び）、英語で会話する力や、英語を読んで理解する力や、自分の考えを文章で表す力が育っていくのです。

〈POINT〉

○幼児には記憶法や言い換え法は通用しない

○幼児に必要なことは、興味という根っこをしっかりはらせること

幼児期には外堀を埋めていこう

　ではどうすれば、丈夫な根っこ、すなわち英語への興味を植え付けることができるでしょうか？　幼児期にはまずは外堀を埋める、つまり**外堀、すなわち環境づくりから始めてください**。

　楽しそうなアニメを見て、映像の面白さに没頭してくれたら、英語の会話が自然に耳に入っています。

　歌は覚えやすいですから、全部じゃなくても一部のフレーズだけでも一緒に歌ってくれたら耳と口の動きの訓練になります。

　英語でアクションやエキササイズをすれば、身体を動かすことに夢中になりますから決して英語を勉強しているとは思いませんよね。そうやって、**いつの間にか、まず**

英語のリズムや音に慣れるように仕向けるのです。

英語のリズムや音に慣れて、少しでも聞き取れるようになると、なんて言っているのかと知りたくなる。そして、自分も英語を使ってみたいと思うようになるというのが理想的なステップです。

幼児期に英語を覚えさせようと必死になりすぎて、子どもが反発し英語嫌いになってしまった例をたくさん見てきました。中には精神的にダメージを受けてしまった子もいました。

子どもにとって、英語はすぐに必要となるものではありません。ですから、親御さんも焦らないことが大切。興味という根っこをゆっくりはらせましょう。

〈POINT〉

○自然に英語環境をつくり、リズムや音に慣れさせる

○焦りは禁物。親の下心を悟られないように

脳を活性化して効果を出す方法　その1

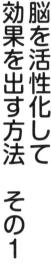

ここで子どもの脳を活性化して効果をあげるための方法をお話しします。

1つは、英会話教室をやっている時に気づいたことです。

子どもは、ジッと座っているからといって、必ずしもちゃんと聞いているとは限りません。昔、レッスン中に走り回っている子がいました。当然みんなは、その子は何も聞いていないんだろうと思っていました。でも、実際はきちんと座って真面目に聞いているように思えた子より、的確に覚えていたなんてことが多々ありました。

「お行儀よく」とか「ちゃんと座って」というのは、小さい子どもにとっては難しいことです。これは感覚欲求と言うのですが、筋肉が成長過程にある時期ですから、身体がムズムズして気持ち悪いのです。

ですから、**英語を学習させる時、「ちゃんと座りなさい」とか「ちゃんと聞きなさい」などと言う必要はない**です。英語を聞くことよりも、ジッとすることの方に神経を取られてしまい、英語が耳に入らなくなってしまう可能性があるからです。

私のスクールでは、英語を教える時、ほとんど身体を使ったゲームをしています。子どもたちに、「英語は楽しい」と思わせるために昔からやっているのですが、実はこれ、学習に向いていると科学的にも実証されています。アメリカの研究で、身体を動かしながら勉強や仕事をした方が効率的である、という実験結果が出たのです。

すなわち、動きながら学習した方が、脳が活性化するのです。アクションやダンスをしながら英語を覚えたり、真似するとしっかり頭に入っていくのです。

〈POINT〉

○ジッとしていてもちゃんと聞いているとは限らない
○動くことで脳が活性化し学習効果があがる

脳を活性化して効果を出す方法　その2

もう1つ脳が活性化するとっておきの方法があります。それは、**「笑う」こと**です。私のスクールでは、外国人の先生にとにかく楽しいゲームをしてもらいます。ですから子どもたちの笑い声がすごく聞こえてきます。私は、子どもたちの笑い声を聞いていると、私自身も嬉しくなるし、「ああ、ちゃんと頭に入っているな」と安心します。もちろん、ゲームによっては、勝った負けたで泣いたり怒ったりする場合もありますが、それはそれで、感情をコントロールする訓練になりますからね。

昔から「笑う門には福来る」とか、「一笑一若」（1回笑うと1歳若返る）とか、「笑いは百薬の長」などと言われたりもしています。とにかくこの、「笑う」という行為は脳にも健康にも、そして精神衛生上もとってもいいのです。

医学的にも、笑うと、記憶の中枢と呼ばれる海馬の容量が増えたり、脳の血流がアップするので脳の働きがよくなると言われています。

子どもが、ケラケラと楽しそうに笑いながらYou Tube番組を見ていると、効果があがるということです。ですから、英語学習をさせる時には、叱ったり強制したりしないで、**とにかく楽しく取り組めるように導いてあげてください**。

また、できるだけ大きな声で発音させるようにしましょう。大きな声を出すと横隔膜が刺激されて学習意欲や吸収力が増すという研究結果があります。これを実践しているオランダは、ＥＦエデュケーション・ファーストという会社が毎年発表している英語能力の調査「ＥＦ英語能力指数」で、２０２０年に世界1位になっています。

〈POINT〉

○笑うと「楽しい面白い」と思いながら学ぶことができ英語が好きになる
○英語は楽しい好きだと思うと学習効果があがる
○大きな声を出すと横隔膜が刺激され学習意欲や吸収力が増す

親ができなくても大丈夫！英語上級者も子育て英語は苦手

確かに英語は必要だと思うし、できればいいと思うけど、私は英語が苦手だから無理だと諦めている親御さんもいるかもしれませんね。ですが心配ご無用です。

実は**英語上級者でも、日常の会話や、幼児相手に使う英会話って案外わからないことも多い**のです。子どもがいないと使わないような会話も多いですからね。

昔、電車の中で大学教授と思しき中年の男性２人がこんな会話をしていました。

A「いやあ、アメリカでは英語で苦労しましたよ。大学で教えるようなむずかしい単語は知っているのに、スーパーで下着１つ買うのにも苦労しましたわ。パンツはどこだって聞いたら、ズボン売り場に連れて行かれてねえ」

B「ハハハ、そうでしょうなあ。私もなすびが欲しいと思ったんですが、なすびという英語が出て来なくてね。グルグル回って探すしかなかったですよ」
A「そうですなあ。学生時代生活英語に触れることがほとんどなかったですよねえ」
B「大学での講義ではなく、生活での英語に苦労するとは思わなかったですね」

そうです。まず必要なのは生活英語ですが、学校ではなかなか学ぶ機会がないのです。ですから、私は英語が苦手とか、英語がわからないと諦めてしまわないで、ぜひ親御さんも一緒に学んでいただきたいと思っています。子どもにさせたければ、まず自分がお手本を示すことも大事です。

〈POINT〉
○子育て英語は子どもを持つまで使わないから、わからなくても恥じゃない
○子どもにさせたければ、親御さんがお手本を示そう

私の恥ずかしい経験から得た確信

さらに、こうして偉そうに英語教育のお話をしている私も、若い頃、実はとっても恥ずかしい経験をしているのです。その経験があったからこそ、子どもの英語教育に携わり、幼児期からの英語学習を強くお勧めしているのです。

それは、私が日本航空の客室乗務員として仕事をしていた時のことです。あれはたしか、ロサンゼルス行きの夜行便でした。

窓際に座っていた、恰幅のいいアメリカ人男性に、

"Would you like some drink?"（お飲み物はいかがですか？）

と、自信満々で声をかけました。そこで、彼から戻ってきた返事こそが私の人生を変えたと言えるかもしれません。

彼が欲っした飲み物、それが私にはまったく聞き取れなかったのです！　その単語は2歳の子でも使うような、たった4文字の超簡単な単語でした。何だと思いますか？　それはなんと〈ミルク milk〉。ね、びっくりでしょう？　何年も英語を勉強してきて、成績だって決して悪くはなかったのに、ミルクという単語が聞き取れなかった……。だって、ミルクの〝ル〟も〝ク〟も全く聞こえなかったのですから。

彼が望んだのが〝milk〟だとわかった時の恥ずかしさといったら……。

でもそれと同時に、「**なぜ聞き取れなかったの？　発音が全然違うじゃない！**」という疑問と、学校の英語教育への不満が芽生えました。この疑問の答えは、日本航空を退社して勤めたブリタニカで、英語教育について学んだ際に明らかになります。

〈POINT〉

○幼児期にネイティブの英語を聞く機会がなければ、ミルクという超簡単な単語も聞き取れないかもしれない

英語は幼児期から始めるべき！　その理由とは？

簡単な英語さえ聞き取れなかった理由、それは「**人間の耳は早ければ生後7、8年で母国語に固まってしまう**」ということでした。また、英語の音の周波数は2000～15000ヘルツ、日本語は1500ヘルツ以下ということをブリタニカで知ったのです。

重なってさえいない、まったく違うのです。

みんな大人になってから必死で英会話を勉強していますよね。仕事帰りの貴重な時間と高いお金払って。でも、思ったように成果はでない！　それもそのはず、母国語に耳が固まってしまった大人になってから、周波数のまったく違う英語の音を聞き取るのは、不可能とまでは言わないまでもかなり困難なことなのです。

でも、実は、**生まれたばかりの赤ちゃんは何語であろうと話せるようになる**のです。

たとえ、日本に生まれても、英語はもちろん、フランス語だって、中国語だって、アラビア語だって話せるのです。そして、言語に関するその能力は、7～8歳くらいで消えてしまうと言われています。

そんな0歳～7、8歳までの、言葉に関する特性を生かさない手はありませんよね。

「語学学習に幼児期を逃すのは、本当に勿体ない」と思いませんか？

〈POINT〉

○人間の耳は早ければ生後7、8年で母国語に固まってしまう

○英語の音の周波数は2000～15000ヘルツ、日本語は1500ヘルツ以下。重なってさえいない

日本語習得に影響はある？

さて、幼児期の英語教育で必ず言われるのが、「まず日本語だろう」という意見です。私自身、決して日本語は後回しとか、日本語より英語と思っているわけではありません。日本人として、もちろん、日本語は何より大切です。

でも、バイリンガル環境で育った子どもたちを見てきた経験から言うと、日本にいながらバイリンガル教育をしたからと言って、日本語に影響が出るとは思えません。なぜなら、日本は、一歩外に出ると日本語しか聞こえてこないからです。**むしろ、日本語に影響が出るほど、家庭でバイリンガル教育をすることなど不可能**だと思います。

ヨーロッパなど国境を接する国々では、2か国語や3か国語を聞いて育つというような環境は当たり前です。だからといって、ヨーロッパの人々の母国語の理解力が劣

っているなどとは聞いたことがありません。

実際私のスクールには、お父さんがフランス語と英語、お母さんが英語と中国語、お兄ちゃんが英語とフランス語と日本語が話せる、という家族の女の子がいました。彼女は英語とフランス語が理解できます。さらにお兄ちゃんと同じように日本語も理解できるようになるでしょう。彼女は別に語学を勉強しているわけではありません。聞く環境があるだけです。そして、そんな家族はヨーロッパでは珍しくもないのです。

もし、日本語の理解力が劣るとしたら、それは英語学習のせいではなくて、本人の特性によるものだと思います。算数が苦手な子がいるのと同じことです。誰にでも得意不得意はありますよね。ですから、安心して英語環境をつくってあげてください。

〈POINT〉

○日本語は大切

○でも家庭でのバイリンガル教育で、日本語に影響が出ることはない！

Column　英語教育のユニークな活動①

こちらでは、英語教育にまつわるユニークな活動を行っている人や団体をご紹介したいと思います。

Rhymoe（ライモー）プログラム
Rhythm×Movement×English

代表：石川良美

【対象年齢】０歳〜８歳

【概要】ライモーは、「言葉と身体の動きは連動している」ということに着目し、英語特有のリズムを、音楽や体の動きとあわせて身につけることで、日本人が英語を効果的に楽しく習得できるように構成されたメソッドです。ただ体を動かすのではなく、動きを英語のリズムと連動させることで、英語のリズムが体で習得しやすくなり、英語を聞く、話す力の土台作りができるようになっています。

親子で世界と繋がろう！ Global MOM to MOM

代表：レイノルズ容子

【対象年齢】０歳〜10歳

【概要】日本在住の外国人ママ（世界24か国籍以上）と日本人ママが繋がるバイリンガル育児コミュニティです。月にオンラインイベントが50回、国際交流ピクニックが日本全国で30回開催されています。日常的に外国人と交流することで、英語力がUPするだけでなく、国際感覚も身につき、外国人を相手に怖じることなく“対等に”コミュニケーションが取れる子どもたちが育ちます。

Step2
年齢別英語環境づくり

胎教から

もし、あなたが妊娠中なら、ぜひ今から英語教育を始めましょう。妊娠中から始めても決して早すぎることはありません。おなかの中の赤ちゃんにも、周りの音が聞こえているからです。このことは様々な研究結果からも明らかです。

とにかく毎日、たとえ20分30分でも、親御さんの声でおなかの赤ちゃんに英語を聞かせる機会をつくることができれば最高です。

妊娠中のお母さん、また日本語での胎教を始めているという親御さんも、ぜひ英語での胎教も加えてください。

胎教から始められるなら超ラッキー

私は、間に合うなら妊娠中から英語教育を始めてもらいたいと思っています。
カナダのブリティッシュコロンビア大学の研究者の、
「2か国語を話す家庭で育てられている赤ちゃんは子宮にいた時に聞いた2つの言葉に生まれた時から好反応を示し、各言語を容易に判別することができる」
「妊娠5か月くらいから、おなかの赤ちゃんは音が聞こえる」
という研究結果があるからです。
また、ベストセラーになっている、イギリスの言語治療士サリー・ウォードさんの『0～4歳 わが子の発達に合わせた1日30分間「語りかけ」育児』（小学館、2001年6月）によると、
「赤ちゃんは、生まれた日からお母さんとお父さんの声を聞き分けます。とくに子宮の中で聞こえる声に似せた録音にはよく反応することからみて、子宮の中にいるときから外の音を聞いていたようです。お母さんの妊娠中に、しょっちゅう近くで聞こえていたテレビやラジオの音にも、赤ちゃんは反応します。」

とあります。

発達心理学と認知科学が専門の針生悦子東大教授も著書『赤ちゃんはことばをどう学ぶのか』（中央公論新社、2019年8月）の中で次のように書いておられます。

「生まれたばかりの赤ちゃんは、母親の胎内で聞いていただろう音を聞こうとすることがわかってきました。たとえば、妊娠最後の数週間に母親が毎日声に出して読んだ物語と、母親が読んだことのない物語では、前者の方を新生児は聞きたがります。また、外国語より母親の話す言語を選んで聞こうとします。つまりここからは、赤ちゃんは胎内で母親が話すことばをしっかり聞いており、それを覚えていた、ということがわかります。」

妊娠中のお母さん、**おなかの中の胎児には周りの音が聞こえる**のです。ただし、周りの音をはっきり聞き取ることは不可能でしょう。ですから、私自身は、お母さんが英語の音楽を聞いたり、英語の映画を見たりするだけでは効果が薄いと思っています。

妊娠中のお母さんがすべき学習法

ぜひ、やっていただきたいのは、お母さんが英語を口に出すことです。発音など気にする必要はありません。おなかの中の赤ちゃんには、どんなきれいな発音でも、クリアに聞こえるわけではないのですから。

You Tubeなどの動画を見ながら、できるだけネイティブの発音やリズムを真似してリピートすればそれで十分です。**明らかに周波数の違う音やリズムが聞こえてくるという状況をつくっておけばいい**のです。

動画は子ども向け動画で大丈夫です。子どもができた時のための予習になります。

英語に自信のあるお母さんなら、英語の絵本を妊娠中から買って、声に出して読むというのもいいですね。

〈POINT〉

○胎児は音が聞こえていて、赤ちゃんは胎内で聞いていた音に好反応を示す
○妊娠中は、英語を声に出して胎児に聞かせること
○子ども向け番組や絵本で学ぶと子育てや英語環境づくりの予習ができる

胎教時期の具体的な環境づくり

胎教時期用には、You Tube と絵本をご紹介します。

時間があるようでしたら、ご紹介するもの以外にも、この後ご紹介していく0歳～4歳くらいまでのものから、お好きなものを選んでいただくといいと思います。

You Tube で学ぶ

子ども向けですが、出産後のわが子への英語教育の予習として、マザーグースや英語の歌、さらに簡単な英会話が学べるチャンネルなどをご紹介します。

日本語はとてもフラットな言葉ですが、英語は跳ねるようなリズムがあります。おなかの赤ちゃんは、細かい言葉が聞き取れるわけではありませんから、発音はあまり気にしないで、英語のリズム（高低や強弱）を意識して口に出してください。

You Tube に関してはご紹介したチャンネルにたくさんの動画が収録されています。

レベルの低いものから高いものまであると思いますので、その中から自分に合うものや自分の好きなものを選んで構いません。

song

https://www.youtube.com/watch?v=3JNCLmQ1QcQ

英語耳を育てる【英語の歌メドレー】かけ流しにおすすめ！

（チャンネル：music time）

【概要】

聞き流し用に作られていて映像はありません。まずは親御さんが聞きなれておきましょう。

song

https://www.youtube.com/watch?v=IjeLxuyJjec

英語童謡メドレー【全20曲22分】（保育士／教師向け教材資料）

（チャンネル：「ゆめあるチャンネル」保育士・教師向けオンライン動画教材）

【概要】

保育士や教師向けに作られた英語の歌の動画です。歌詞付きで、わかりやすく覚えやすいものが集められています。歌って覚えてしまいましょう。

song

https://www.youtube.com/watch?v=w_B7A9K3cfg

Dinosaur Stomp + More | Nursery Rhymes from Mother Goose Club

（チャンネル：Mother Goose Club）

【概要】

マザーグースクラブには、たくさんの歌の動画がアップされています。歌詞付きのものを選んでいますので、ぜひ覚えて歌ってみてください。

story

https://www.youtube.com/watch?v=z46K8WqBFnw

The Lion and the Mouse - Fairy tale - English Stories（Reading Books）

（チャンネル：English Singsing）

【概要】

後半ストーリーをリピートでき、さらに自分で読むようになっています。ぜひ声に出して読んでみましょう。

lesson

https://www.youtube.com/watch?v=CkHUxGQ_h1s&t=179s

いちばん最初に覚える英単語600（日→英）☆初心者向け英単語集　英語リスニング　リズム英単語

（チャンネル：マーシーの英語）

【概要】

基本的な単語です。カタカナになっていても発音は全然違います。

other

https://www.youtube.com/watch?v=DBk04EN_irk

英語で赤ちゃんと１日に密着♡｜バイリンガル子育て日記｜英語と日本語字幕付き｜生後８ヶ月赤ちゃん｜英語　聞き流し

（チャンネル：バイリンガルベイビー英会話）

【概要】

日常生活をそのまま動画にしているチャンネルですので、生きた子育て英語が学べます。

絵本で学ぶ

絵本は本当にたくさん出版されていますし、外国の絵本も楽天ブックスやアマゾンなどで簡単に手に入るようになりました。

色々な種類がありますが、ハードカバーは硬い表紙で大きめの絵本、ボードブックは乳児向けの小さくて丈夫な絵本、ペーパーバックは薄い紙で安価に作られています。長く持ちたいならハードカバー、赤ちゃんに触らせるのであればボードブックがお勧めです。

お母さんがあらかじめ目を通して読み方の練習をしておくと、赤ちゃんが生まれた時に役立つでしょう。

読むのに自信がないと言う方のために参考You Tube動画のURLも載せておきます。

book

『TIME FOR BED』

Mem Fox（著）、Jane Dyer（イラスト）、HMH Books for Young Readers（出版）

【概要】

たくさんの生き物が登場するきれいな絵本。繰り返しが多く韻を踏んだ文章で覚えやすいです。

【Amazon】

https://www.amazon.co.jp/dp/0152881832

【読み方参考】

https://www.youtube.com/watch?v=uXFGocuQ0kE

book

『From Head to Toe』

Eric Carle（著／イラスト）、HarperFestival（出版／ Brdbk 版）

【概要】

『はらぺこあおむし』でおなじみのエリックカール氏の絵本。基本的な身体の動きが学べ、覚えておくと便利です。

【Amazon】

https://www.amazon.co.jp/dp/0062747665

【読み方参考】

https://www.youtube.com/watch?v=Vjum-5bNmz0

book

『Yummy Yucky』

Leslie Patricelli（著／イラスト）、(Candlewick 出版／ Brdbk 版）

【概要】

赤ちゃんは何でも口に入れるようになります。心の準備をしておきましょう。

【Amazon】

https://www.amazon.co.jp/dp/0763619507

【読み方参考】

https://www.youtube.com/watch?v=Ps36vlLrjHs&t=1s

0歳〜1歳

※年齢はあくまでも目安です。

赤ちゃんの英語教育はただ聞かせることから始めます。
生後半年くらいで、赤ちゃんは話しかけられると、嬉しそうにするようになります。自分に注意が向けられているということを理解しているのです。
ものと音をつなぐこともできるようになります。すなわち、ある音が特定のものを表しているということがわかるようになります。ですから、ものを見せながら発音すると、赤ちゃんはそのものの名前を覚えることができるということです。
お父さんやお母さん、また自分の名前もわかるようになって、名前を呼ぶと顔を向けたりするようになります。
この時期に、できるだけたくさんの音、すなわち言葉をたくさん聞かせることが、今後の聞き取り能力や理解力にとって重要になります。

生後半年くらいから言葉の発達が著しくなる

人間の五感の中では、聴覚が一番先に発達すると言われています。既に妊娠中から、胎児の聴覚は発達しているのです。

特にお母さんの声は、嫌でも毎日聞こえてきたわけですから、生まれた瞬間からお母さんの声はわかるはずですね。お母さんの声は、明らかに自分を守ってくれていた存在の声だと安心するでしょう。

もし、お母さんが妊娠中に、日本語だけでなく英語学習によって英語も声に出して聞かせていたとしたら、その英語にも反応するかもしれません。

サリー・ウォードさんの『0〜4歳　わが子の発達に合わせた1日30分間「語りかけ」育児』によると、この頃から周りで話されている言葉に含まれている音をよく出すようになり、その言葉にない音は消えていきます、とあります。

これはちょっと早過ぎるかと思いますが、同時に0歳児に英語を聞かせることの重要性がわかりますね。

接し方のアドバイス

1・赤ちゃんが理解できなくてもどんどん語りかけよう

例えば、大人もこれまで聞いたこともないような言語を学ぼうとすると、最初は何を言われているか全くわからないので、ただ聞いているしかないですよね。この状態は赤ちゃんとまったく一緒です。ですので、とにかく聞かせることが大事です。赤ちゃんに、どんどん話しかけてあげてください。お勧めは**実況中継的な独り言**です。親御さんが今やっていることを、どんどん口に出していくのです。例えば、

「さあ、オムツ変えようね」“OK,let's change your nappy.”

「おなかすいた?」“Are you hungry?”

「ママも（パパも）眠いよう」“I'm sleepy.”

短い方がいいです。赤ちゃんが理解できないにしても、勝手にどんどん語りかければいいのです。たくさん話しかけられていた子どもの方が、言葉の発達が早いです。

また、育児は楽な仕事ではありません。親御さんがストレスを溜めないためにも、

どんどん言葉に出すことをお勧めします。黙々とやるより、精神安定に役立ちますよ。

２・会話ができなければ単語だけでもＯＫ

英会話がわからないとか自信がないなら、単語だけでも大丈夫です。
例えばリンゴを見せて、日本語なら「り・ん・ご」とゆっくり発音しますよね。英語でも音を区切って発音して教えます。これは**シラブル**と言って、単語を母音で区切る方法です。ａｅｉｏｕという母音が２つ以上入っていれば区切ることができます。

a/pple ba/by mo/ther fa/ther pa/per le/mon ca/rrot mo/ney ra/bbit ti/ger el/bow gar/den

実際に発音してみると、区切りやすい箇所がある程度わかります。赤ちゃんの視力がついてきたら、絵本などで絵を見せながら、教えていくといいでしょう。

環境づくりの考え方

英語教育のための環境づくりとは、「英語があるのが自然」ということです。
こういうのは、子どもが小さければ小さいほどやりやすいです。あって当たり前と思わせることができれば、今後の英語教育がとてもやりやすくなります。
なお、英語の学習効果については、実際に対面での会話しか効果がないという意見もあります。
でも、私自身多くの親子を見てきて、**親が英語ができなくても、常に子どもに英語を聞かせていた家庭の子どもは、やはり英語の聞き取り能力が高いと実感しています。**
ぜひ英語が耳に入る環境をつくってあげてください。
英語のＣＤやYou Tube、教材やアプリなど、なんでもいいので、英語を流しておくようにしてください。
赤ちゃんには、高音で調子の良い話し方の方が聞き取りやすいです。
例えば広い場所で、マイクなしに相手の言うことを聞かなければならないような時を思い浮かべてください。低い声でボソボソ話す人と、高い声でテンポよく話す人とどちらが聞き取りやすいでしょうか？　電話で話す時はどうでしょうか？　声のトーンを上げると、音がクリアになって聞き取りやすいのです。まだ聴力の弱い赤ちゃんには、低い声より高い声の方が聞き取りやすいので、親御さんが話しかける時もぜひ高めの声で話すようにしてください。
また聞かせる内容に特にこだわる必要はありません。私たちの身の回りでは色々な日本語が聞こえてきますよね。それと同じように考えて大丈夫です。日常生活の中で、自然に英語が聞こえてくるようにしましょう。

〈POINT〉
◯この時期たくさんの言葉を聞かせることが今後の言語能力の発達に重要
◯赤ちゃんは高音で調子の良い話し方が効果的
◯生後半年くらいから言語能力は急成長、聞かせるチャンス
◯聞かせる英語の内容に特にこだわる必要はない。日本語と同じように考えてOK

0歳〜1歳時期の環境づくり

You Tubeで取り入れる

この時期は、主にかけ流しが中心になります。紹介しているタイトルURLは最初の歌ですが、他にもたくさんの違う曲が入っています。かけ流しにも使えるよう、できるだけたくさん収録されているものを選んでいます。

チャンネルはアニメであったり実写であったり、色々なものがあります。とりあえず流しておいてください。

また気に入ったチャンネルがあれば、そのチャンネルの中から親御さんの好きな動画を選んでも構いません。

ご紹介したチャンネルにたくさんの動画が収録されています。レベルの低いものから高いものまであると思いますので、その中から自分の好きなものや、子どもが興味をもちそうなものを選びましょう。

なお、You Tubeチャンネルはたくさんありますが、英語ネイティブの国で制作されたものを選んでいます。

song

https://www.youtube.com/watch?v=SAm7qm7t1vs

Good Morning Song | Morning Songs for Kids| Circle Time | The Kiboomers

（チャンネル：The Kiboomers-Kids Music Channel）

【概要】

朝の挨拶。明るく覚えやすいメロディでとってもかわいいです。

song

https://www.youtube.com/watch?v=LrAtBtQnvCE

Five Little Ducks + More | Kids Songs and Nursery Rhymes | Super Simple Songs

（チャンネル：Super Simple Songs ー Kids Songs）

【概要】

全体に穏やかなアレンジで、私の好きなチャンネルです。

song

https://www.youtube.com/watch?v=l7R_y-XXEIo

We're Going on a Bear Hunt 🐻🎵 Song for Preschoolers | Lingokids

（チャンネル：Lingokids Songs and Playlearning）

【概要】

とてもノリの良い覚えやすいストーリーとメロディです。

song

https://www.youtube.com/watch?v=amvd3S0dWqg

Bath Song | Baby John's Bath Time | Little Angel Nursery Rhymes & Kids Songs

（チャンネル：Little Angel：Nursery Rhymes & Kids Songs）

【概要】

赤ちゃんを囲む家族の日常が描かれていて見ても楽しいですが、かけ流しにも役立ちます。

story

https://www.youtube.com/watch?v=BFOwyQnYMKY

Five Peas in a Pod - Fairy tale - English Stories（Reading Books）

（チャンネル：English Singsing）

【概要】

最初は聞き、次にリピートでき、最後は自分で読めるようになっています。お母さんの声で聞かせてあげましょう。

other

https://www.youtube.com/watch?v=gbPHrLEVt8c

のんびりした休日の朝の過ごし方｜コストコで買ったおもちゃでひたすら遊ぶ｜子供　英語｜英語の絵本｜聞き流し　英語

（チャンネル：バイリンガルベイビー英会話）

【概要】

日常生活をそのまま動画にしています。日本語訳もついていますので、生きた子育て英語が学べます。

絵本で取り入れる

外国の絵本も簡単に手に入るようになりましたので、お母さんが読めるなら、読んで聞かせてあげましょう。

自信がないと言う方のために参考YouTube動画のＵＲＬも載せておきます。

絵本の中にはアニメ化されているのも多くありますが、どのような絵本かがわかる動画をご紹介しています。アニメ化されたものを、かけ流しに利用しても構いません。

この時期の赤ちゃんは視力がまだ十分に発達していませんので、見せる場合は、コントラストの強いハッキリした色合いの絵本をお勧めします。

book

『Hello, Animals!』

Smriti Prasadam（著）、Emily Bolam（イラスト）、Tiger Tales（出版／Brdbk 版）

【概要】

白黒の絵本です。赤ちゃんには白黒が識別しやすいと言われています。

【Amazon】

https://www.amazon.co.jp/dp/1589258614

【読み方参考】

https://www.youtube.com/watch?v=TIU6PaYd2jM

book

『Peek-a WHO?』

Nina Laden（著）、Chronicle Books（出版／Brdbk 版）

【概要】

これもまだ視力の弱い赤ちゃん用のコントラストのはっきりしたわかりやすい絵本です。

【Amazon】

https://www.amazon.co.jp/dp/0811826023

【読み方参考】

https://www.youtube.com/watch?v=UdBgjtmt60A

book

『Can You Say It Too? Cheep! Cheep!』

Sebastien Braun（イラスト）、Nosy Crow Ltd（出版）

【概要】

たくさんのシリーズがあります。音の面白さを伝える仕掛け絵本です。

【Amazon】

https://www.amazon.co.jp/dp/0857638718

【読み方参考】

https://www.youtube.com/watch?v=SQVqxfv9B-Y

book

『Peek-a-moo!』

Marie Torres Cimarusti（著）、Stephanie Peterson（イラスト）、Ragged Bears（出版）

【概要】

いないいないばあが大好きな赤ちゃんにピッタリの絵本です。

【Amazon】

https://www.amazon.co.jp/dp/1857143949

【読み方参考】

https://www.youtube.com/watch?v=RIzlRpjIugM

book

『Hooray for Fish!』

Lucy Cousins（著，イラスト）、Walker Books Ltd（出版）

【概要】

魚が登場するとてもカラフルな絵本。基本的な単語しか出てきませんので、簡単に読めると思います。

【Amazon】

https://www.amazon.co.jp/dp/1406345016

【読み方参考】

https://www.youtube.com/watch?v=Fk_jJcLz5n8

book

『Ten Tiny Tickles』

Karen Katz（著, イラスト）、Margaret K. McElderry Books（出版）

【概要】

Tickle は、くすぐるという意味。ママが赤ちゃんをくすぐります。

【Amazon】

https://www.amazon.co.jp/dp/0689859767

【読み方参考】

https://www.youtube.com/watch?v=1oCZmqtHg5w&t=19s

book

『Moo,Baa,La La La!』

Sandra Boynton（著, イラスト）、Little Simon（出版／ Brdbk 版）

【概要】

動物の鳴き声が、日本の言い方と違うということがわかります。

【Amazon】

https://www.amazon.co.jp/dp/067144901X

【読み方参考】

https://www.youtube.com/watch?v=hf7WKcGWzPc

歌・手遊びで取り入れる

ここでの手遊びや歌は、日本の手遊びや子守唄などと同様に、お母さんが一緒に歌ってあげてください。乳幼児向けの歌とメロディなので、覚えやすいです。

どのように遊べばいいか、参考You Tubeを載せていますので、ぜひ一緒に楽しんでくださいね。なお、ナーサリーライムは、国や地域やチャンネルによって歌詞が違っていたり、メロディがアレンジされている場合があります。ここでは基本的には紹介している動画に合わせています。ナーサリーライムには韻を踏んでいるものがたくさんあります。内容的に時にナンセンスなのはそのためです。それらも楽しんでください。

song

Hush Little Baby ハッシュリトルベビー

古くからある子守唄です。お母さんの赤ちゃんに対する愛情の深さが感じられます。

【歌い方参考】

Hush Little Baby - Lullaby song by EFlashApps

（チャンネル：EFlashApps）

https://www.youtube.com/watch?v=NOCx4D7KoGo

Hush little baby, don't say a **word**,	シー、かわいい赤ちゃん、静かにね
Mama's gonna buy you a **mockingbird**.	ママがモノマネ鳥を買ってあげる
And if that mockingbird won't **sing**,	もし、モノマネ鳥が歌わなければ
Mama's gonna buy you a diamond **ring**.	ダイヤモンドの指輪を買ってあげる
And if that diamond ring turns **brass**,	もし、ダイヤの指輪が真鍮になっちゃったら
Mama's gonna buy you a looking **glass**.	手鏡を買ってあげる
And if that looking glass gets b**ro**ke,	もし、手鏡が割れちゃったら
Mama's gonna buy you a billy g**oa**t.	雄のヤギを買ってあげる
And if that billy goat won't **pull**,	もし、そのヤギが動かなかったら
Mama's gonna buy you a cart and **bull**.	雄牛と荷車を買ってあげる
And if that cart and bull turn **over,**	もし、雄牛の荷車がひっくり返ったら
Mama's gonna buy you a dog named **Rover**.	ローバーという名前の犬を買ってあげる
And if that dog named Rover won't b**ar**k,	もし、ローバーという犬が吠えなかったら
Mama's gonna buy you a horse and c**ar**t.	馬と荷車買ってあげる
And if that horse and cart fall **down**,	もし、馬と荷車が倒れてしまっても
You'll still be the sweetest little baby in **town**.	あなたは町一番のかわいい赤ちゃん

song

Rock A Bye Baby ロッカバイベイビー

これもよく知られた子守唄です。寝かしつけるために優しく歌います。

Rock a bye baby on the tree t**o**p,	ゆらゆら赤ちゃん、木の上で
When the wind blows the cradle will r**o**ck,	風が吹いたらゆりかご揺れる
When the bough breaks the cradle will **fall**,	枝が折れたら、ゆりかご落ちる
But mother will catch you cradle and **all**.	だけどママが受け止める
Baby is drowsey cosy and **fair**,	赤ちゃんは心地よくウトウトしている
Mother sits near in her rocking **chair**,	ママは近くのロッキングチェアに座るよ
Forward and back the cradle she **swings**,	前に後ろに、ママはゆりかごを揺らすよ
Though baby sleeps he hears what she **sings**.	眠ってるけど、ママの歌は聞いてるよ
From the high rooftops down to the **sea**,	高い屋根の上から海までくらい
Noone's as dear as baby to **me**,	私ほど赤ちゃんを愛おしく思う人はいない
Wee little fingers eyes wide and **bright**,	ほんの小さな指と輝く大きな目
Now sound asleep until morning **light**.	朝の光が届くまでもう眠ったようだ

【歌い方参考】

Rock A Bye Baby Lullabies with Lyrics | Music to help your baby go to sleep

（チャンネル：MyVoxSongs Nursery Rhymes）

https://www.youtube.com/watch?v=MRAiBXlqHwM

song

Star Light Star Bright スターライトスターブライト

短い歌詞なので、覚えて、寝かしつける時に歌ってあげましょう。

Star light star **bright**,	星の明かり、輝く星
First star I see **tonight**,	今夜見る最初の星
Wish I may, wish I **might**	願うかも、願ったかも
Have the wish I wish **tonight**	今夜願うお願いごとは

【歌い方参考】

Star Light, Star Bright| Kids Songs |
Super Simple Songs

（チャンネル：Super Simple Songs - Kids Songs）
https://www.youtube.com/watch?v=OWip7yvXukI

song

Humpty Dumpty ハンプティダンプティ

割れた卵は元通りにはできないという有名な歌です。

Humpty Dumpty sat on a **wall**.	ハンプティダンプティは塀に座った
Humpty Dumpty had a great **fall**.	ハンプティダンプティは落っこちた
All the king's horses and all the king's **men**	すべての王の馬も王の兵士たちも
couldn't put Humpty together **again**.	ハンプティを元通りにはできなかった

【歌い方参考】

Humpty Dumpty| Kids Songs|
Super Simple Songs

（チャンネル：Super Simple Songs - Kids Songs）
https://www.youtube.com/watch?v=nrv495corBc

play

Pat-a-Cake パタケイク

赤ちゃんを親御さんの膝の上にのせて、歌詞に合わせた動作を行います。例えば、"pat" の時は赤ちゃんの膝をポンポン触ります。

Pat-a-cake, pat-a-cake, baker's **man**,	パタケーキ、パタケーキ、パン屋のおじさん
Bake me a cake as fast as you **can**.	超特急でケーキを焼いてね
Pat it and roll it and mark it with a **B**.	軽くたたいて小さな穴開けてBと書いてね
And put it in the oven for Baby and **me**.	それから赤ちゃんと私のためにオーブンに入れて

【遊び方参考】

Nursery Rhymes Pat a Cake song for children & kids| Lyrics| Patty Shukla

（チャンネル：Patty Shukla - Nursery Rhymes and Preschool videos）

https://www.youtube.com/watch?v=pFCGxdpUU4c

play
Round and Round the Garden ラウンラウンザガーデン

日本の「一本橋こちょこちょ」のような手遊びです。歌に合わせて手のひらから、一歩、二歩と指をジャンプさせていき、わきの下をくすぐります。

Round and round the garden	お庭をぐるぐる
Like a teddy bear	テディベアみたいに
One step, two step	一歩、二歩
Tickle you under there!	コチョコチョコチョ (わきの下を)

【遊び方参考】

Round and Round the Garden | Songs with Actions ♫

(チャンネル：Carried Away Play)

https://www.youtube.com/watch?v=sjO7yAoChVw

play

Row, row, row your boat ロウロウロウユアボート

日本でももうお馴染みになっている歌です。赤ちゃんが小さいうちは親御さんの膝にのせて、座れるようになれば向かい合って楽しみましょう。

Row, row, row your boat,	ボートを漕ごう
Gently down the stream,	流れに沿って優しくね
Merrily, merrily, merrily, merrily,	楽しく、楽しく
Life but a dream.	人生はただの夢

【遊び方参考】

【親子英語遊び】Row row row your boat ボートをこごうー Rhymoe（ライモー）

（チャンネル：Rhymoe）

https://www.youtube.com/watch?v=N8U-RnAbNM4

play

Peek A Boo ピーカブーいないいないばあっ！

赤ちゃんはいないいないばあが大好きですね。
親御さんが手で顔を覆って、"Peekaboo!"（ピーカブー）と言って手を放します。

【遊び方参考】

Peek A Boo + More Nursery Rhymes & Kids Songs - CoComelon

（チャンネル：Cocomelon - Nursery Rhymes）
https://www.youtube.com/watch?v=8qvHQIJ4Y3k

1歳〜2歳

※年齢はあくまでも目安です。

この時期の子どもは、言葉の理解が劇的に進みます。身体的にもどんどん成長していき、親は誰でも「わが子は天才!」と思うほどです。まだ会話にならなくても、言われていることは理解できるようになります。インプットのチャンスです。

赤ちゃんは、自分にとって必要な音かそうでないかを振り分けていると言います。1歳〜2歳の間は、聞かせた内容を覚えるかどうかは重要ではありません。あくまでも音やリズムに慣れ、聞いた音を必要な音としてインプットさせる段階です。

決して焦らないで環境づくりに徹しましょう。

なお、年齢はあくまでも目安です。何歳ならこれができるはず、というものではありません。子どもの性格や特性や環境によって変わってきます。

１歳を迎える頃から劇的に言語能力が伸びる

世界中の著名人の講演を配信するＴＥＤで、パトリシア・クール博士は、「赤ちゃんは語学の天才」というスピーチを行いました。その中で、７歳までの子どもは語学の天才であり、特に**１歳の誕生日を迎える頃に、劇的に言語能力が伸びる**と言っています。

赤ちゃんは、自分にとって必要な音を統計処理しているそうです。ですから、常に耳に入っている音は必要な音として記憶していきますが、聞かない音は必要のない音として消去してしまうと言います。

日本語しか聞かない環境だと日本語の音、英語しか聞かない環境だと英語の音、アラビア語しか聞かない環境ならアラビア語の音しか、残らないというわけです。

すなわち、**日本語しか聞かない環境と、日本語英語の両方を聞く環境とでは、脳の言語野に記憶される音の量が圧倒的に違ってくる**と言えます。０歳児から英語を聞かせていると、日本語にないｒとｌやｆとｖ、ｔｈといった音も、必要な音として記憶されていくのです。

1歳～2歳は聞かせるチャンス

言語能力が発達するこの時期をぜひ活用しましょう。

今は簡単に英語環境をつくることができますね。英語のＤＶＤやYou Tubeや教材やアプリを利用して、どんどん英語を聞かせていきましょう。とりあえず他のことをしている時、おもちゃで遊んでいる時などに流して、反応を見るといいでしょう。

仮に、**興味を示さなくても、流しておけば、耳には入りますから、大丈夫です。**

子ども向けのYou Tube番組は、今では本当にたくさんできていますから、それらを流していって、子どもが興味をもてば見せればいいし、興味をもたなければかけ流しておくだけでいいのです。もし、０歳から聞かせていれば、英語の音にも慣れているでしょう。

もちろん、１歳から聞かせ始めたとしても、この時期の子どもにはまだ抵抗がありませんから大丈夫です。歌でもアニメでもレッスン番組でも構いません。ＢＧＭとして流しておけば自然に英語のリズムや音に慣れていきます。

言葉の意味を理解できるようになる

この時期には、多少複雑な文章でも理解できるようになります。まだ、うまく話すことはできなくても、相手が言ったことの意味を理解できるようになるのです。言葉の早い子なら、単語を真似て言うこともできるかもしれません。身体的にもどんどん発達成長していきますから、できることの幅がグンと広がります。音楽に合わせて踊ってみたり、動画の動きを真似てみたりして楽しむこともできます。とにかく好奇心旺盛な時期ですから、**子どもの動きに合わせて、どんどん話しかける**といいでしょう。

例えば、おもちゃで遊んでいたら、"Do you like this toy?"とか"You are playing."とか、歩いていたら、"You are walking now."とか、"You are running."とか、"Be careful!"とか何でもいいのです。

そうすると、動作と英語がつながって、意味が理解できるようになるのです。

接し方・ほめ方のアドバイス

言葉が出始めても無理強いはNG

子どもがしゃべりだすようになると親としてはとても嬉しいですね。

でも、だからと言って「これは何？」としつこく聞いて言わせるのは避けましょう。子どもが喜んで言っているうちはいいですが、そろそろ飽きてきたのに、「ほら、言ってごらん」「パパにも聞かせてあげて」などと強制してはいけません。自分の興味のないことを強制させると、嫌になりますよね。

1歳～2歳の頃には目に入るものや聞こえてくるものにどんどん興味が移っていきます。同じことを延々とできるような集中力があるわけではありませんので、同じことをしつこく強制するのはやめましょう。

子どもの反応を親が喜んでいることを示そう

とは言っても、赤ちゃんは相手の反応をとても良く見ています。
特に2歳ごろには、相手が喜んでいるとわかると、その行為を繰り返します。
ですから、**子どもが英語を口に出したり、英語の歌のダンスや動きを見せたりしたときは、ぜひ大げさに喜んでみせてください。**
そうすると子どもは、もっと覚えて覚えたことを親に見せようとするでしょう。
子どもは親の喜ぶ顔が大好きなのです。

〈POINT〉

○言語能力が急激に発達し、よく聞く音だけが言語野に記憶されていく
○言葉と動作がつながっていく時期
○インプットのチャンス。内容を覚えるかどうかは重要ではない
○親が子どもの反応に関心を示すことが大切。でも、無理強いは禁物

1歳〜2歳時期の環境づくり

You Tubeで取り入れる

紹介しているタイトルURLは最初の歌やストーリーですが、他にもたくさん入っています。かけ流しにも使えるよう、できるだけ多くの内容が収録されているものを選んでいます。チャンネルはアニメであったり実写であったり、色々なものがあります。とりあえず流しておいて、子どもが興味を持つものをまずは見つけましょう。

子どもは、自分の好きなキャラクターが登場する映像からよく学ぶという、アメリカの学者たちの研究結果があります。

子どもは自分の好きなキャラクターに親しみを持ちます。好きなキャラクターが話している言葉ですから抵抗がないし、何を言っているのだろうと興味を持つのも自然な流れです。

すなわち、親が見せたいものではなく、子どもが見たいものを見せる方がずっと効果的なのです。気に入ったキャラクターが登場するチャンネルが見つかれば、そのチャンネルの中から自分の好きな動画を選んでください。

song

https://www.youtube.com/watch?v=1dUJVrEopYE

We All Fall Down | + More Super Simple Songs

（チャンネル：Super Simple Songs ― Kids Songs）

【概要】

全体に穏やかなアレンジで、絵もかわいいので、わかりやすく覚えやすいです。

song

https://www.youtube.com/watch?v=ljHGusbX7Bk

Itsy Bitsy Spider + More Nursery Rhymes & Kids Songs - CoComelon

（チャンネル：Cocomelon ― Nursery Rhymes）

【概要】

赤ちゃんがメインキャラクターなので、小さい子にも抵抗がないでしょう。

song

https://www.youtube.com/watch?v=kHUw3JtqeJw

Numbers and Counting Songs Collection | Nursery Rhymes and Baby Songs from Dave and Ava

（チャンネル：Dave and Ava ― Nursery Rhymes and Baby Songs）

【概要】

映像がカラフルでかわいいです。

song

https://www.youtube.com/watch?v=1fEPp-IUWPE

🧼 WASHING HANDS 🙌 Songs for Kids 👭 Good Hygiene Habits Lingokids

（チャンネル：Lingokids Songs and Playlearning）

【概要】

身だしなみが学べる動画です。色彩がカラフルでかわいいので楽しく学べます。

story

https://www.youtube.com/watch?v=ZVKp5Dq5uqk

The Three Little Pigs - Fairy tale - English Stories（Reading Books）

（チャンネル：English Singsing）

【概要】

お馴染みのお話です。最初は聞き、次にリピートでき、最後は自分で読めるようになっています。お母さんの声で聞かせてあげましょう。

other

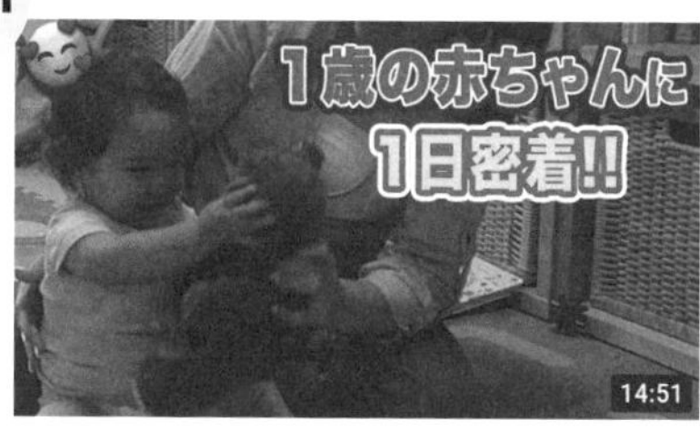

https://www.youtube.com/watch?v=i6Un07Bkh64

1歳の娘と過ごした1日に密着｜イケアで買い物に密着｜英語で娘と二人っきりでのお家での過ごし方｜ネイティブが使う日常英会話

（チャンネル：バイリンガルベイビー英会話）

【概要】

日常生活を動画にしているチャンネルです。日本語訳もついていて生きた子育て英語が学べます。

絵本で取り入れる

0歳時期のところから読んでいただいている方には繰り返しになりますが、絵本は本当にたくさん出版されていますし、外国の絵本も簡単に手に入ります。

お母さんが読めるなら、読んで聞かせてあげましょう。自信がないと言う方は、YouTube動画を参考にしてください。

絵本の中にはアニメ化されているのも多くありますが、どのような絵本かがわかる動画をご紹介しています。アニメ化されたものを、かけ流しに利用しても構いません。

絵本はアマゾンや楽天ブックスなどで、タイトルを入力すると買えます。

book

『BARNYARD DANCE!』

Sandra Boynton（著）、Workman Pub Co（出版／Brdbk版）

【概要】

絵がかわいくて面白いです。リズミカルに読むとととても楽しいです。

【Amazon】

https://www.amazon.co.jp/dp/1563054426

【読み方参考】

https://www.youtube.com/watch?v=Se2KVqGQoUI

book

『Maisy Goes Swimming』

Lucy Cousins（著 , イラスト）、Walker Books Ltd（出版）

【概要】

日本でもおなじみのメイシーシリーズの楽しい仕掛け絵本です。

【Amazon】

https://www.amazon.co.jp/dp/1406374040

【読み方参考】

https://www.youtube.com/watch?v=zPn8cQxEC3o&t=1s

book

『PAJAMA TIME!』

Sandra Boynton（著）、Workman Pub Co（出版／Brdbk 版）

【概要】

日常よく出てくる単語がいっぱい学べるかわいい絵本です。

【Amazon】

https://www.amazon.co.jp/dp/0761119752

【読み方参考】

https://www.youtube.com/watch?v=elJZUC5Pobo

『Brown Bear, Brown Bear, What Do You See?』

Bill Martin Jr.（著）、Eric Carle（著）、Puffin（出版／Anniversary 版）

【概要】

色や生き物がたくさん出てきます。

book

【Amazon】

https://www.amazon.co.jp/dp/0141501596

【読み方参考】

https://www.youtube.com/watch?v=WST-B8zQleM

『Bizzy Bear Space Rocket』

Nosy Crow（著）、Benji Davies（イラスト）、Nosy Crow（出版／Ina Brdbk 版）

【概要】

特に男の子が喜びそうな仕掛け絵本です。英語も簡単で読みやすいです。

book

【Amazon】

https://www.amazon.co.jp/dp/0763680036

【読み方参考】

https://www.youtube.com/watch?v=b8wbd5cVDGE

book

『I Love You Through And Through』

Bernadette Rossetti-Shustak（著）、Caroline Jayne Church（イラスト）、Cartwheel Books（出版／ Brdbk 版）

【概要】

幼児が主人公のほっこりするような絵本です。

【Amazon】

https://www.amazon.co.jp/dp/0439673631

【読み方参考】

https://www.youtube.com/watch?v=NRfojNuqsSU

book

『PRESS HERE』

Herve Tullet（著）、Chronicle Books（出版）

【概要】

表紙は地味ですが、本にしたがって点を押してみると……。めくるのが楽しくなる絵本です。

【Amazon】

https://www.amazon.co.jp/dp/1452178593

【読み方参考】

https://www.youtube.com/watch?v=yg0oV-dyhG4

歌・手遊びで取り入れる

子どもはお母さんがやることを一生懸命真似します。

子どもの頃、お母さんが歌ってくれた手遊び歌は、ずっと覚えていませんか？

一緒に何度もやればしっかり定着していきます。

手遊びや歌は、ぜひお母さんも一緒に楽しんでください。

０歳～１歳時期（Ｐ56～）でご紹介したものも引き続き楽しめますので、遊んでみてくださいね。

song

Are You Sleeping アーユースリーピング

朝、子どもを起こす時に名前を入れ替えて歌ってみては？

Are you sleeping?	寝ているの？
Are you sleeping?	
Brother John, Brother John.	弟のジョン
Morning bells are ringing,	目覚ましなっているよ
Morning bells are ringing.	目覚ましなっているよ
Ding, Ding, Dong,	リン、リン、リーン
Ding, Ding, Dong.	

【歌い方参考】

Are You Sleeping（Brother John）?| CoComelon Nursery Rhymes & Kids Songs

（チャンネル：CocomelonNursery Rhymes）

https://www.youtube.com/watch?v=tNLd7fc0UUI

play

This little pig went to market ディスリトルピッグウェントゥーマーケット

手の指や足の指を使ってできる簡単な手遊びです。子どもの手や足の指を、親指から順に "This" のときに触ります。最後の "Wee-wee-wee." で手のひらや足をくすぐります。子どもはきっと喜びますよ。

This little pig went to market.	この子ブタはマーケットに行ったよ
This little pig stayed at home.	この子ブタはお家で留守番
This little pig had roast beef.	この子ブタはローストビーフを持ってたよ
This little pig had none.	この子ブタにはなにもないので
And this little pig cried,	この子ブタは泣いちゃった
Wee-wee-wee.	ウィーウィーウィー
I can't find my way home.	お家に帰る道が見つからない

【遊び方参考】

【英語手あそび歌】This little pig went to market

（チャンネル：母と子のスキンシップふれあい英語）

https://www.youtube.com/watch?v=6d1F6oyVL4w

play

Where Is Thumbkin ウェアリズサムキン

これも手指を使った楽しい手遊び歌です。まずは手を背中に隠してスタートです。"Here I am." の歌詞でまずは親指を、片手ずつ出し、親指同士で "How are you today,sir?"、"Very well, I thank you." と挨拶をし、"Run and play. " で片手ずつ背中の後ろに隠します。

Where is Thumbkin ※？	親指、親指どこにいるの
Where is Thumbkin ※？	
Here I am.　Here I am.	ここだよ。ここだよ。
How are you today,sir?	ご機嫌いかが？
Very well, I thank you.	すごくいいよ、ありがとう。
Run and play.　Run and play.	走って行って遊ぼう

※に Pointer（人差し指）、Pinky（小指）を順に入れて歌います

【遊び方参考】

Where Is Thumbkin?| Mother Goose Club Playhouse Kids Video

（チャンネル：Mother Goose Club Playhouse）

https://www.youtube.com/watch?v=z2njFlxm4CE

play

One, Two, Three, Four, Five ワントゥースリーフォーファイ

指遊びです。親御さんが子どもの指を数えながら遊ぶといいでしょう。"Once I caught a fish alive" で手を捕まえて、"This little finger on the right" で右の小指を掴みます。

One, two, three, four, **five**,	いち、に、さん、し、ご
Once I caught a fish **alive**,	お魚一度生きたまま捕まえたんだ
Six, seven, eight, nine, **ten**,	ろく、しち、はち、きゅう、じゅう
Then I let him go **again**.	それから、もう一度お魚逃がしたんだ
Why did you let him **go**?	どうしてお魚逃がしたの？
Because he bit my finger **so**.	だって、僕の指かんだんだ
Which finger did he **bite**?	どの指かんだの？
This little finger on the **right**	右手の小指

【遊び方参考】

One, Two, Three, Four, Five, Once I Caught a Fish Alive | Mother Goose Club Playhouse Kids Video

（チャンネル：Mother Goose Club Playhouse）
https://www.youtube.com/watch?v=f0I-940eqGo

ゲームで取り入れる

この時期には、どんどん動き始めて行動範囲が広がっていきますから、教えたいこともいっぱい出てくると思います。
子どもは興味を持ってやったことは、しっかり覚えていきます。
興味を持たせるためには、ゲーム感覚で伝えるのがお勧めです。
まだ自分で動けない赤ちゃんの場合は、お母さんが抱っこして、お人形のように優しく色々な動きをさせるといいです。

game

「真似っこ」

お母さんんが抱っこして色々な動きをさせてもいいですし、子どもが動けるようになれば、お母さんが簡単な動作をしながら、それを子どもに真似させてみましょう。
「おててたたこう」"Clap our hands."、「おてて広げて」"Open our hands."、「手を上にあげて」"Raise our hands."、「高く高く」"High up in the air." などとやってみましょう。

【参考表現】
Touch your nose（mouth/eyes/head）.
You are touching the toy（walking/under the table/rolling）.

お母さんが子どもの動作を真似て実況中継するのも効果的です。子どもがやっている動作を、お母さんが真似て子どもに見せるのです。

子どもは無意識にやっていますから、自分がどんな動作をしているかはわかりません。そこで、その動作を見せ言葉に出して言うと、動作と表現が結びつきます。

例えば、子どもがおもちゃを軽くたたいていたら、その動作を真似て"You are tapping your toy."おもちゃを投げていたら、その動作を真似て"You are throwing your toy."などと言います。

game

「ミュージカルスタテュー」

スタテューとは銅像のこと。音楽が流れている間は自由に動きます。できるだけ面白い動きをしましょう。音楽が止まれば、その時の動きのまま銅像のように動かず固まります。動いたらアウト、というゲームです。

どんな曲でもいいですが、なるべくノリの良いたのしい音楽を使いましょう。CDやDVD、You Tubeの音楽でも構いません。英語を聞かせるのが目的ですから、歌詞のある曲を選んでくださいね。

お母さんが面白い動きをして見せれば、きっと子どもも喜ぶでしょう。１歳前後ならば親御さんが抱っこしながら、子どもに色々な動きをさせても面白いですし、２歳くらいになったら子ども自身が自由に動くといいでしょう。

game

「どっち？」

Which is yellow?

これはとっても簡単で、いつでもどこでも取り入れられます。

2つのものを持って、単純に「どっちがいい？」"Which one do you want?" とか「赤はどっち？」"which is red?" などと質問します。

また、片方だけに手に隠れるようなものを持って、「さてどっちの手にあるでしょう？」"Which hand do you think?" と言いながら右手か左手を選ばせます。

また例えば、クッキーやフルーツなどであれば、赤ちゃんに手渡す時に、「これは○○ちゃんの分」"This is for you."「これはママの分」"This is for mommy." などと言いながら渡すといいです。

【参考表現】

Which one（color/toy）do you like?
Which one（towel/cup）do you want?

game

「入れて出して」

籠または袋などを用意します。できれば、子どもが喜びそうなカラフルなものやかわいい柄などがいいでしょう。それと積み木やブロックなどのおもちゃを用意します。

それを床に広げて「籠にいれよう」"Put them in the basket."と言って一緒におもちゃを籠にいれます。例えば色のブロックなら、red, yellow, blue, greenなどと言いながら入れるといいです。

入れ終わったら、今度はまた籠から全部出します。"Put them out of the basket."ドサッと出してもいいですし、一個ずつ数を数えたり、また色を言いながら出すのもいいです。

子どもの年齢に合わせたり、子どもが喜ぶ方でやってください。これを繰り返します。最後は必ず籠に入れた状態で終わりましょう。お片づけの訓練になります。

【参考表現】

Put them in the basket one by one./ Let's count./
one two three four five six seven eight nine ten

game

「ムーブ＆ストップ」

ミュージカルスタテューと同じようなゲームですが、音楽を用意しなくてもできる遊びです。

単純な動きを英語で指示しながら一緒にやります。自分で動けない赤ちゃんは、手を取って助けてあげましょう。そして、「ストップ！」と言って動きを止めるだけです。

【参考表現】

“Walking, walking, walking, stop!”（歩いてストップ）

“Jumping, jumping, jumping, stop!”（ジャンプしてストップ）

“Running, running, running, stop!”（走ってストップ）

“Dancing, dancing, dancing, stop!”（ダンスしてストップ）

＊この遊びで使う「ストップ！」と言う言葉は、今後、例えば子どもが道路に飛び出したなど危ないことをした時にその動きを止めさせるのに役に立つと思います。「止まりなさい！」とか「やめなさい！」より「ストップ！」の方が簡潔でわかりやすいです。「ストップ」で止まるという癖をつけておくといいと思います。ちなみにアメリカでは「フリーズ！」という言葉も使われます。相手に「フリーズ！」と言われたら、必ず止まらなければ危険です。

2歳〜3歳

※年齢はあくまでも目安です。

この時期には、言葉をどんどん理解して話すようになり、身体的にも色々なことができるようになります。一番かわいい時期でもあり、自我の発達とともに、やりにくくなる時期でもあります。

長年の保育経験から言うと、総体的に西暦の偶数年生まれの子はエネルギッシュで活発で身体を動かすことが好きな子が多いです。反対に奇数年生まれの子は比較的落ち着いていて座ってするような遊びが好きな子が多いです。こういう特性がそろそろ表れてくるかもしれませんので、子どもの特性も理解して、親が与えたいものではなく、子どもが興味を示すものや子どもに合ったものを見つけていくようにしてください。

年齢はあくまでも目安です。何歳ならこれができるはずというものではありません。子どもの性格や特性や環境によって変わってきます。

発語能力が飛躍的に伸びる時期

この時期は身体能力や言葉を発する能力が著しく伸びる時期です。身体能力が伸びるということは、行動半径が大きく広がるということ。子どもの目に触れるものも一層多く幅広くなります。そして、それら目に触れたものを認識する力も十分備わってきます。言われていることはほとんど理解できるようになりますが、半面何でも自分でやりたがります。また、好き嫌いもはっきりしてきますので、いわゆるイヤイヤ期に悩まされることもあるかもしれません。その時はじっくり構えて、**無理に覚えさせようとしないで、とにかく英語を流して耳に入るという環境をつくり続けておきましょう。**

言葉を教えていくのに絶好のチャンスですから、できるだけたくさんの言葉を聞かせるようにしていきましょう。

何でも真似をしたがる

この時期は、何でも真似をしたがります。親御さんの真似だけではなく、周りの大人や子ども、またテレビやYou Tubeの動画などにも興味津々です。言葉だけでなく、身体の動きやちょっとしたリアクションにも興味を示します。

ですから、**言葉だけを無理にリピートさせて覚えさせようとするのではなく、身体の動きやアクションと関連付けて教えていくといい**でしょう。

身体を動かす歌や、英語でエキササイズを行う動画などがお勧めです。

動画をどんどん活用しよう

子ども向けの歌には、身体の動きがたくさん取り入れられています。例えば、Head and shouldersなどは、アクションしながら身体の部位が覚えられますね。また、子ども向けのものは単純で覚えやすい歌詞とメロディなので、歌もすぐ歌えるようになるでしょう。

エキササイズ動画では、one, two, three, fourなどの数や、stretch, jump, sit down, stand up, head, arm, leg, footなど身体の部位や動作に関する英語表現が出てきます。

これらは、エキササイズがメインなので、英語を学ばされていると子どもが気づかないうちに英語が学べている、というわけです。
家族でやれば、健康増進にもいいですよ。動画をどんどん利用してください。

接し方、褒め方のアドバイス

親が一緒に楽しむ

この時期の子どもは、親をよく観察し、親のすることを何でも真似したがります。
特に女の子は、親御さんと同じことをしたがります。
ですから、**子どもにさせたいと思うことは、まず親が楽しむ姿を見せましょう**。
お父さんやお母さんが楽しそうにやっていることには、必ず興味を示すと思います。
親御さんがYou Tubeの動画を見て笑っていれば、子どもも寄ってきます。その時、たとえ短時間でも子どもと一緒に楽しんでください。そして、用事で離れる時には、「残念、お母さん用事してくるから、○○ちゃん見て後で教えてね」などと伝えましょう。本当は親御さんも見ていたいのだと思わせてくださいね。

この時期には褒めて自信を持たせる

この時期は、子どもが一番親の愛情を求める時期です。「見て見て」とせがむことも多いと思います。もし、英語の動画を見て、同じように真似できたり、英語を口にしたりしたときには、思いきり褒めてあげましょう。

決して間違いを正したりしないでくださいね。聞き取れることもすごいことですし、口に出して言えることはもっとすごいことです。

どんどん英語を口に出して言えるようにするには、口に出すことが楽しいと思わせなければならないのです。

間違いを指摘したり、矯正するのは逆効果です。この時期の間違いは、まったく気にする必要はありません。

身体の動きをどんどん取り入れて教える

この時期は、肉体的にも著しく成長し、できることが増えてきます。

それまでぎこちなかった動きもスムーズにできるようになりますし、言葉も急速に覚えていきます。

幼児期は、筋肉がどんどん発達していきますから、子どもはジッとしていられません。幼児期の子どもにとっては、動き回るのが仕事のようなものです。ですから、YouTube動画の動きのあるものを利用したり、教えたいことはゲーム感覚で教えていくと、驚くほど吸収していきます。

〈POINT〉
○運動能力・発語能力が飛躍的に発達
○何でも真似をし、何でもやりたがる時期
○動画を大いに利用しよう

2歳〜3歳時期の環境づくり

You Tubeで取り入れる

紹介しているタイトルURLは最初の歌やストーリーですが、できるだけ多くの内容が収録されているものを選んでいます。チャンネルはアニメであったり実写であったり色々ですが、大切なのは子どもが興味をもつものを見つけることです。

もし、動画で子どものお気に入りのキャラクターがあれば、ぜひそれを見せましょう。

子どもは、自分の好きなキャラクターが登場する映像からよく学ぶという研究結果があります。

自分が好きなキャラクターが話しているのですから、何を言っているのだろうと興味をもつのも自然です。映像は親が見せたいものではなく、子どもが見たいものを見せる方が効果的です。

気に入ったキャラクターが登場するチャンネルが見つかれば、そのチャンネルの中から子どもの好きな動画を選ばせてください。

song

https://www.youtube.com/watch?v=D7MhgeV9yA8

Old MacDonald Had A Farm（2018）| + More Kids Songs | Super Simple Songs

（チャンネル：Super Simple Songs - Kids Songs）

【概要】

動物たちが音楽に合わせて踊る姿に、お子さんもきっと夢中になります。

song

https://www.youtube.com/watch?v=CuI_p7a9VGs

Good Morning Song for Kids（with lyrics）| The Singing Walrus

（チャンネル：The Singing Walrus - English Songs For Kids）

【概要】

とてもノリの良い曲です。繰り返しが多いので小さい子も朝の挨拶が覚えられるでしょう。

song

https://www.youtube.com/watch?v=BetC5kA_F80&t=140s

Rain Rain Go Away + More Nursery Rhymes & Kids Songs - CoComelon

（チャンネル：Cocomelon ― Nursery Rhymes）

【概要】

家族の日常が描かれているので、親御さんが見ても参考になるでしょう。

song

https://www.youtube.com/watch?v=j8z7UjET1Is

Baby Shark| Kids Songs and Nursery Rhymes| Animal Songs from Bounce Patrol

（チャンネル：Bounce Patrol ― Kids Songs）

【概要】

外国人が登場する実写なので、外国人に慣れて抵抗をなくすのにいいでしょう。

song

https://www.youtube.com/watch?v=iD4Iyr_hKjE

ABC song| Alphabet adventure| The abc train| Kids Tv Show| Learn Alphabet | Nursery Rhymes

（チャンネル：Kids TV ─ Nursery Rhymes And Baby Songs）

【概要】

男の子が好むことの多い電車のキャラクターです。

story

https://www.youtube.com/watch?v=aHn-BfW6kvE

The North Wind and the Sun - Fairy tale - English Stories（Reading Books）

（チャンネル：English Singsing）

【概要】

「北風と太陽」のお話。日常使う天候に関する表現などがでてきますので参考にしてください。

lesson

https://www.youtube.com/watch?v=S2hX3N7mHYk

Kids vocabulary - [NEW] Fruits & Vegetables - Learn English for kids - English educational video

（チャンネル：English Singsing）

【概要】

レッスンタイプの動画。物の名前に興味をもちだしたら役立ちます。

lesson

https://www.youtube.com/watch?v=eegWzglBMh0

ABC Chant ♬ Songs for Kids 👭 English for Preschoolers Lingokids

（チャンネル：Lingokids Songs and Playlearning）

【概要】

アルファベットが学べるチャンツ（歌）。絵もかわいくリズミカルに覚えられます。

other

https://www.youtube.com/watch?v=O5oeOrfvlkY

I Love My Family - My Family Loves Me !

（チャンネル：ELF Kids Videos）

【概要】

家族にまつわる単語が学べます。よく使う単語なので覚えてしまいましょう。

other

https://www.youtube.com/watch?v=_CLv57qWhaO&t=44s

英語と日本語でイヤイヤ期MAX!!!｜バイリンガル教育｜バイリンガル２歳児の１日密着｜国際結婚の日常生活に密着｜オンライン英会話｜TOEICリスニング｜TOEIC勉強

（チャンネル：バイリンガルベイビー英会話）

【概要】

生きた子育て英語が学べるチャンネルです。日本語訳もついているので、英語が苦手な人でも苦痛なく学べるでしょう。

絵本で取り入れる

絵本は親御さんが読めるなら、読んで聞かせるといいですが、自信がないと言う方はYou Tube動画を参考にしてください。

動画はどのような絵本かがわかる動画をご紹介していますが、アニメ化されたものを、かけ流しに利用しても構いません。

ただし、本を無理に読ませようとしないでください。この時期は、英語の文字に触れるだけでもいいのです。

book

【Amazon】

https://www.amazon.co.jp/dp/0394800184

『Are You My Mother?』

P.D. Eastman（著）、Random House Books for Young Readers（出版／Illustrated 版）

【概要】

卵から生まれたばかりのひな鳥の話です。難しい単語は一切出てきませんし、とても読みやすく理解しやすい絵本です。

【読み方参考】

https://www.youtube.com/watch?v=6CMBk1GPq5E

book

『first 100 Words』

Priddy Bicknell Books（著）、Priddy Books（出版／ Brdbk 版）

【概要】

子どもに物の名前を教えたい時、きれいな写真のわかりやすい絵本です。シリーズに Animals/Numbers/Colors &Shapes もあります。

【Amazon】

https://www.amazon.co.jp/dp/0312510780

【読み方参考】

https://www.youtube.com/watch?v=-C_UvRPkkf0

book

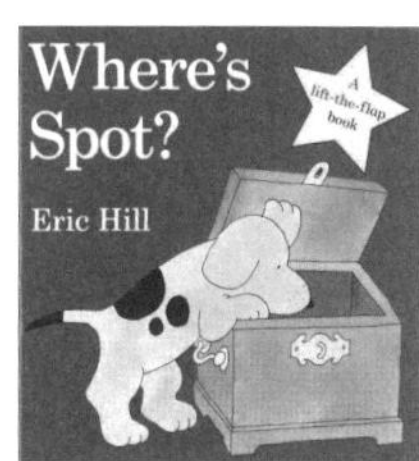

『Where's Spot?』

Eric Hill（著，イラスト）、Warne（出版／ Brdbk 版）

【概要】

人気の仕掛け絵本です。シンプルで簡単な文章で構成されています。

【Amazon】

https://www.amazon.co.jp/dp/0399240462

【読み方参考】

https://www.youtube.com/watch?v=ALHl6DFRpG8

『Splish,Splash,Ducky!』

Lucy Cousins（著，イラスト）、Candlewick（出版／ Illustrated 版）

【概要】

色々な生き物が登場する楽しい絵本です。

book

【Amazon】

https://www.amazon.co.jp/dp/1536200042

【読み方参考】

https://www.youtube.com/watch?v=6i0kiP-KeaU

『PONY BRUSHES HIS TEETH』

Michael Dahl（著）、Oriol Vidal（イラスト）、Picture Window Books（出版／ Brdbk 版）

【概要】

歯磨きを楽しく教えるのにもってこいです。文字が大きく楽しいです。

book

【Amazon】

https://www.amazon.co.jp/dp/1404871241

【読み方参考】

https://www.youtube.com/watch?v=BobXUstiCtg

book

『A WAS ONCE AN APPLE PIE』

Edward Lear（著）、Suse MacDonald（イラスト）、Orchard Books（出版）

【概要】

たくさんの動物がでてくるライミングたっぷりの楽しい絵本。英語の音を楽しんで。

【Amazon】

https://www.amazon.co.jp/dp/0439660564

【読み方参考】

https://www.youtube.com/watch?v=fJQjgyv1BlQ

book

『Chuffa Chuffa Choo Choo』

Emma Garcia（著）、Boxer Books Limited（出版）

【概要】

切り絵タッチのカラフルな絵本です。鳴き声を真似たり数を数えたりしてみましょう。

【Amazon】

https://www.amazon.co.jp/dp/1910716529

【読み方参考】

https://www.youtube.com/watch?v=z_IpStqYBW8

book

『I Can Share』

Karen Katz（著）、Grosset & Dunlap（出版／Ltf 版）

【概要】

お友達と遊ぶようになったら役立つ、分け合うということを学べる絵本です。

【Amazon】

https://www.amazon.co.jp/dp/0448436116

【読み方参考】

https://www.youtube.com/watch?v=cH66Edsj5K8

book

『No Hitting!』

Karen Katz（著）、Grosset &Dunlap（出版／Stk 版）

【概要】

気に入らないことがあるとつい手が出てしまう小さい子に教えたいマナー。

【Amazon】

https://www.amazon.co.jp/dp/044845596X

【読み方参考】

https://www.youtube.com/watch?v=j6VHO124Gh8

book

『Huggy Kissy』

Leslie Patricelli（著 , イラスト）、Candlewick（出版／ Brdbk 版）

【概要】

赤ちゃんが主人公。赤ちゃんが周りの人たちに愛されている様子を描いた微笑ましい絵本です。

【Amazon】

https://www.amazon.co.jp/dp/0763632465

【読み方参考】

https://www.youtube.com/watch?v=fqJ0yYrRru4

book

『Is Your Mama a Llama?』

Deborah Guarino（著）、Steven Kellogg（イラスト）、Scholastic Pr（出版／ Brdbk 版）

【概要】

色々な動物が出てくる暖かい色合いの絵本です。

【Amazon】

https://www.amazon.co.jp/dp/0590259385

【読み方参考】

https://www.youtube.com/watch?v=mttOFJWmeM0

歌・手遊びで取り入れる

身体的にも子どものできることがどんどん増えていきます。細かい作業もできるようになります。

この時期は身体を使ったり、手先を使う手遊び歌をどんどん取り入れていきましょう。

子どもは好きな歌やアクションをアッと言う間に覚えると思います。

1歳～2歳のところ（P78～87）でご紹介した遊びもお勧めです。

song

Under the Spreading Chestnut Tree アンダーザスプレッディングチェスナットツリー

日本語訳の「大きな栗の木の下で」もすっかりお馴染みです。英語でも歌ってみましょう。

Under the spreading chestnut tree,	大きな栗の木の下で
There we sit, both you and me,	あなたと私、二人で座れば
Oh, how happy we will be!	ああ、なんて幸せな気分
Under the spreading chestnut tree.	大きな栗の木の下で

【歌い方参考】

Under the Spreading Chestnut Tree | Song for Kids by Little Fox

（チャンネル：Super Simple Songs - Kids Songs）

https://www.youtube.com/watch?v=429aj10XuxI

song
Twinkle Twinkle Little Star ツィンクルツィンクルリトルスター

お馴染みの「きらきら星」です。英語でも歌えるといいですよね。

Twinkle, twinkle, little **star**,	キラキラ光る小さなお星様
How I wonder what you **are**.	君は一体何だろう
Up above the world so **high**,	世界の上のそんなに高く
Like a diamond in the **sky**	空に光るダイヤモンドのように
Twinkle, twinkle, little **star**,	キラキラ光る小さなお星様
How I wonder what you **are**.	君は一体何だろう

【歌い方参考】

Twinkle, Twinkle, Little Star Lullaby for KIDS | LooLoo Kids

（チャンネル：LooLoo Kids - Nursery Rhymes and Children's Songs）
https://www.youtube.com/watch?v=x96KZ2Gd2JY

song
Rain Rain Go Away レインレインゴーアウェイ

雨が降り出したら歌いたくなる歌です。※のところに名前を入れ替えて歌えば子どもも喜びます。

Rain rain go away,	雨よ雨、あっちに行っとくれ
come again another day,	別の日に来ておくれよ
Daddy ※ wants to play,	パパが遊びたがってるんだ
Rain rain go away.	雨よ雨、あっちに行っとくれ

※に mommy, little brother, little sister, little baby, all the family, everybody を順に入れて歌います

【歌い方参考】

Rain Rain Go Away | CoComelon Nursery Rhymes & Kids Songs

（チャンネル：Cocomelon - Nursery Rhymes）
https://www.youtube.com/watch?v=SrDTSB5bVS4

play

Skidamarink スキダマリンク

特に女の子が喜ぶことが多いかわいい歌です。振りを覚えて歌ってみましょう。ちなみにskidamarinkには特に意味はありません。呪文のような感じで楽しみましょう。

Skidamarink a dink a dink,	スキダマリンカディンカディンク
Skidamarink a doo,	スキダマリンカデュー
I love you.	大好きだよ
Skidamarink a dink a dink,	スキダマリンカディンカディンク
Skidamarink a doo,	スキダマリンカデュー
I love you.	大好きだよ
I love you in the morning,	朝も大好き
And in the afternoon,	そして昼も
I love you in the evening,	夜も大好き
And underneath the moon.	そして、月の下でも
Oh, skidamarink a dink a dink,	オースキダマリンカディンカディンク
Skidamarink a doo,	スキダマリンカデュー
I love you.	大好きだよ。

【遊び方参考】

Skidamarink - I Love You | Dance Along | Pinkfong Songs for Children

（チャンネル：Pinkfong Baby Shark - Kids' Songs & Stories）

https://www.youtube.com/watch?v=DHbO3cZhFbA

play

Head and Shoulders ヘッダンショウルダー

日本語では「あたま、かた、ひざ、ぽん」という歌がありますね。遊び方も同様に、部位の名称の時にその部位を触ります。覚えやすいメロディと簡単なアクションでみんな一度は聞いたことがあるでしょう。

Head, shoulders, knees and toes, knees and toes.	あたま、かた、ひざ、つま先 ひざ、つま先
Head, shoulders, knees and toes, knees and toes.	あたま、かた、ひざ、つま先 ひざ、つま先
Eyes and ears and mouth and nose,	め、みみ、くち、はな
Head, shoulders, knees and toes, knees and toes	あたま、かた、ひざ、つま先 ひざ、つま先

【遊び方参考】

Head Shoulders Knees & Toes（Speeding Up） | Nursery Rhyme | Super Simple Songs

（チャンネル：Super Simple Songs - Kids Songs）

https://www.youtube.com/watch?v=WX8HmogNyCY

play

The Finger Family ザフィンガーファミリー

覚えやすい手遊び。手を隠しながら歌って、"Here I am." で出してくると楽しいです。

Daddy ※ finger, daddy finger,	お父さん指、お父さん指
Where are you?	どこにいるの？
Here I am, here I am,	ここだよ、ここだよ、
How do you do?	はじめまして

※に mommy, brother, sister, baby を順に入れて歌います。

【遊び方参考】

Finger Family Song - Children Song with Lyrics - Nursery Rhymes ｜ Kids Academy

（チャンネル：Kids Academy）

https://www.youtube.com/watch?v=G6k7dChBaJ8

play

I'm A Little Teapot アイマリトルティーポット

小さなティーポットを歌ったかわいい歌です。手でハンドルや注ぎ口を表現してね。

I'm a little teapot, short and **stout**.	私は小さくてまあるいティーポット
Here is my handle, here is my **spout** .	ここが持ち手で、ここが口
When I get all steamed up, hear me **shout** .	沸いたら叫ぶから聞いてね
Tip me over and pour me **out**.	私を傾けて注いでね

【遊び方参考】

I'm A Little Teapot with Lyrics | Sing and Dance Along | Kids Songs | Sing with Bella

（チャンネル：Sing with Bella）

https://www.youtube.com/watch?v=8r1odhNFQfE

play

Teddy Bear Teddy Bear テディベアテディベア

簡単な英語とアクションです。歌詞に合わせて、テディベアになりきって動きましょう。自分で色々なアクションを入れてやってみるといいですよ。

Teddy bear, teddy bear, turn **around**.	テディベア、テディベア くるりと回って
Teddy bear, teddy bear, touch the **ground**.	テディベア、テディベア 床に手をついて
Teddy bear , teddy bear, jump up **high**.	テディベア、テディベア 高くジャンプ
Teedy bear, teddy bear, touch the **sky**.	テディベア、テディベア 天までとどけ
Teddy bear, teddy bear, bend down **low**.	テディベア、テディベア 低くな～れ
Teddy bear, teddy bear, touch your **toe**s.	テディベア、テディベア つま先触って
Teddy bear, teddy bear, turn off the **light**.	テディベア、テディベア 電気消して
Teddy bear, teddy bear, say **goodnight**.	テディベア、テディベア おやすみなさい

【遊び方参考】

Teddy Bear, Teddy Bear + More | Nursery Rhymes from Mother Goose Club

（チャンネル：Mother Goose Club）

https://www.youtube.com/watch?v=RAud61H5JYQ&t=326s

play

One Little Finger ワンリトルフィンガー

覚えやすくかわいいメロディの手遊び歌です。歌詞に合わせて指を動かしましょう。

One little finger, one little finger,	小さな指、小さな指
One little finger, tap, tap, tap.	小さな指をタップタップタップ
Point your finger up,	上指さして
Point your finger down,	下指さして
Put it on your head. ※	その指を頭の上に

※に Put it on your cheek.（その指をほっぺの上に）、Put it on yournose.（その指を鼻の上に）、Put it on your arm.（その指を腕の上に）、Put it on your leg.（その指を脚の上に）、Put it on your foot.（その指を足の上に）、Now let's wave goodbye.（さあさよならと手を振りましょう）を順に入れて歌います

【遊び方参考】

One Little Finger | Eli Kids Songs & Nursery Rhymes

（チャンネル：Eli Kids - Cartoons & Songs）

https://www.youtube.com/watch?v=ASf8FILd7ps

play

Open Shut Them オープンシャッゼム

覚えやすく単純なメロディで、たくさんの反対語が学べます。歌詞に合わせて体を動かしましょう。"Big and small," の時は立ったりしゃがんだり、"Fast and slow, fast and slow," の時は走ったりゆっくり動いたりするといいでしょう。

big,big,big

small,small,small

【遊び方参考】

Open Shut Them｜Super Simple Songs

（チャンネル：Super Simple Songs - Kids Songs）

https://www.youtube.com/watch?v=RNUZBHlRH4Y

Open, shut them Open, shut them	両手開いて閉じて、開いて閉じて
Give a little clap, clap, clap.	小さくパンパンパン
Open, shut them Open, shut them	開いて閉じて、開いて閉じて
Put them in your lap, lap, lap.	その手を膝に
Big and small, big and small.	大きい、小さい、大きい、小さい、
Big , big, big, big, small, small,	大きく、大きく、大きく、大きく
small.	小さく、小さく、小さく
Big and small, big and small.	大きい、小さい、大きい、小さい、
Big , big, big, big, small, small,	大きく、大きく、大きく、大きく
small.	小さく、小さく、小さく
Please, no thank you, please,no,	ください、いりません、ください、
thank you.	いりません
Please, please, please, please,	ください、ください、ください、く
no, thank you.	ださい、いりません
Please, no thank you, please,no,	ください、いりません、ください、
thank you.	いりません
Please, please , please, please,	ください、ください、ください、く
no, thank you.	ださい、いりません
Fast and slow, fast and slow,	早い、遅い、早い、遅い
Fast, fast, fast, fast, slow slow	早い、早い、早い、早い、遅い、遅
slow.	い、遅い、
Fast and slow, fast and slow,	早い、遅い、早い、遅い
Fast, fast, fast, fast, slow slow	早い、早い、早い、早い、遅い、遅
slow.	い、遅い、
Loud and quiet, loud and quiet.	大声、静かに、大声、静かに
Loud, loud, loud, loud, shh. quiet.	大声、大声、大声、大声、シー静かに
Loud and quiet, loud and quiet.	大声、静かに、大声、静かに
Loud, loud, loud, loud, shh... quiet.	大声、大声、大声、大声、シー静かに
Peek-a-boo, Peek-a-boo,	いないいないばあ、いないいないばあ、
Peek-a, peek-a, peek-a-boo.	いない、いない、いないいないばあ
Peek-a-boo, Peek-a-boo,	いないいないばあ、いないいないばあ、
Peek-a, peek-a, peek-a-boo.	いない、いない、いないいないばあ

play

Five Little Ducks ファイブリトルダックス

数を教える数え歌。親の愛情が感じられるほのぼのした歌です。手でカモの口を表現して、"Quack,quack,quack,quack." の時に動かしても面白いですよ。

Quack, quack.

Quack, quack.

【遊び方参考】

Five Little Ducks｜Kids Songs｜Super Simple Songs

（チャンネル：Super Simple Songs - Kids Songs）

https://www.youtube.com/watch?v=pZw9veQ76fo

Five ※１ little ducks went out one **day**,	５羽のコガモがある日出かけました
Over the hill and far **away**,	丘を越えて遠くまで
Mother duck said, “Quack, quack,quack,**quack**.”	母カモが「クワックワッ」と呼んだけど
But only four ※２ little ducks came **back**.	４羽しか戻ってきませんでした

※に以下を順入れて歌います
※１　four（４羽）／※２　three（３羽）
※１　three（３羽）／※２　two（２羽）
※１　two（２羽）／※２　one（１羽）

One little ducks went out one day,	１羽のコガモがある日出かけました
Over the hill and far away,	丘を越えて遠くまで
Mother duck said, “Quack, quack,quack,quack.”	母カモが「クワックワッ」と呼んだけど
But none of the five little ducks came back.	１羽も戻ってきませんでした

Sad mother duck went out one day,	悲しい母カモがある日出かけました
Over the hill and far away,	丘を越えて遠くまで
Mother duck said, “Quack, quack,quack,quack.”	母カモが「クワックワッ」と呼んだら
And all of the five little ducks came back.	５羽のコガモみんな戻ってきました

Five little ducks went out one day,	５羽のコガモがある日出かけました
Over the hill and far away,	丘を越えて遠くまで
Mother duck said, “Quack, quack,quack,quack.”	母カモが「クワックワッ」と呼んだら
And all of the five little ducks came back.	５羽のコガモみんな戻ってきました

play

Itsy Bitsy Spider イッツィビッツィスパイダー

日本でも割とお馴染みの手遊び歌です。親指と人差し指でクモを表現します。歌詞は多少違っているものもありますが、どちらでも大丈夫です。Incy wincy となっているものもあります。

Itsy bitsy spider climbing up the **spout**.	ちっちゃなクモが雨どいを登ってく
Down came the rain and washed the spider **out**.	雨が降ってきて流されちゃった
Out came the sun and dried up all the **rain**.	お日様出てきて雨は乾いた
Then the itsy bitsy spider went up the spout **again**.	そしたらまたちっちゃなクモは登った

【遊び方参考】

The Itsy Bitsy Spider | Nursery Rhymes from Caitie's Classroom

（チャンネル：Super Simple Play）

https://www.youtube.com/watch?v=1MXzCD8IAcE&t=77s

play

Ring Around the Rosy リングアラウンザロージ

日本の「かごめかごめ」のように輪になって遊ぶ古い遊び歌です。小さい子は最後に転ぶところが大好きです。

Ring around the rosy,	バラの周りをまわろう
Pocket full of posies,	ポケットいっぱいの束
Ashes, ashes,	ハクション！　ハクション！
we all fall down.	みなころんだ

【遊び方参考】

Ring Around the Rosy - Mother Goose Club Phonics Songs

（チャンネル：Mother Goose Club）

https://www.youtube.com/watch?app=desktop&v=L7ggSLIJJ58

ゲームで取り入れる

子どもは楽しいことが大好きです。楽しいことだとすぐに覚えます。

教えたいことはぜひゲームにして伝えていきましょう。

新しいこともどんどん取り入れてチャレンジさせましょう。

1歳～2歳でご紹介した「ミュージカルスタテュー」(P84)も大きくなってからも楽しめるので取り入れてみてくださいね。

game

「見つけてタッチ」

少し離れたところに、おもちゃやタオルや衣類などをいくつか置きます。そして、子どもに親御さんが言ったものをタッチさせます。

例えば、「赤いタオルどれだ？」“Can you find a red towel?” と指示して「よ～いドン」“Ready go!” で、歩いて見つけてタッチさせるのです。対象物は何でもOKです。物の名前を教えながら、運動にもなりますから一石二鳥です。

絵カードなどを利用すると、幅広い単語が学べますし、よりゲーム感覚が味わえます。

なお、絵カードは市販のものでなくて、手作りで大丈夫。私のスクールも35年前にスクールを始めた時、オリジナルカリキュラムに合う教材がなくて、手作りしました。チラシやカタログから写真を切り抜いて台紙に貼ったり、絵を描いて作りましたよ。

【参考表現】

Where is a pink ball（your sock ／ your cup ／ a book ／ my bag ／ daddy's sock）？
Can you find a spoon（an apple ／ your shirt ／ an orange）？

game

「探しもの」

見つけてタッチは、見える所に対象物を置くゲームでした。

今度は、対象物を隠して探させます。見つけてタッチに飽きてきたらどうぞ。子どもに見えないものを見つけ出すという能力が身に付いたらやってみましょう。

あまり複雑な場所や散らかしたら困るような場所は避けてください。また、ヒントとして、隠したものに近づいたら“Hot,hot,hot.”と声をかけ、遠のいたら“Cold,cold,cold.”と声をかけます。よりゲームらしくなって楽しいです。

これは、見つけてタッチと同じ表現で対象物の名前を言うだけでいいですが、見つけた時に「見つけたね」“You found it.”と声をかけるようにするといいでしょう。

〈参考表現〉

You found it.
Good job.
Was it difficult?
Was it easy to find?”

game 「ムーブ＆ストップ」参照 87 ページ

〈さらに表現を増やすなら〉

"Walking faster,walking faster,walking faster, and stop!"

(早歩きそしてストップ)

"Jumiping five times, and stop!"

(５回ジャンプそしてストップ)

"Sneaking,sneaking,sneaking, and stop!"

(抜き足差し足そしてストップ)

"Stamping ten times, and stop!"

(足踏み 10 回そしてストップ)

" Clapping,clapping,clapping, and stop!"

(拍手パチパチそしてストップ)

game 「真似っこ」参照 82 ページ

〈さらに表現を増やすなら〉

Stamp quietly.(静かに足踏みしよう)／Walk slowly.(ゆっくり歩こう)／ Jump three times.（３回ジャンプ）／Walk backwards.（後ろ向き歩き）／ Let's dance.（踊ろう）／Let's sing.（歌おう）／Let's laugh.（笑おう）

game 「どっち？」参照 85 ページ

〈さらに表現を増やすなら〉

Which one（book/cake）do you like?
Which one（toy /shoes）do you want?
Which hand?
Right or left?
What do you think I have in my hand?

3歳〜4歳

※年齢はあくまでも目安です。

3、4歳といえば、いよいよ本格的に英語学習を始められる年齢になります。ただ、自分の意志もはっきり示すようになる時期ですから、素直に親の言うことを聞いてくれなくなる時期でもあります。

0歳から英語環境をつくって、英語があるのが当たり前という生活になっていれば、そのまま続けられるかもしれません。でも、この時期から初めて英語学習をスタートさせる場合は、親としても色々工夫が必要になるでしょう。英語は子どもにとって、必要不可欠ではありませんし、英語がわからなくてもなんら困りませんから。

エネルギッシュで活発で身体を動かすことが得意、落ち着いていて座ってするような作業が得意など、子どもの特性が現れてきたら、その性格や特性も理解して、親が与えたいものではなく、子どもが興味を示すものを見つけていくようにしてください。

英語に自然に興味をもたせる方法

3歳~4歳の子どもには、どんな風に興味をもたせていけばいいでしょうか？

まずは、買い物の途中で英語の看板を見つければ、「ああ、あれ英語で◯◯と書いてあるわ」とか、商品のパッケージに英語表示があれば、「ここにも英語が書いてあるね」と、子どもに英語を意識させるようにしていきましょう。最近は子供服などにもキャラクターの名前などが英語で表記されていたりしますよね。

そうして、「これなんて読むのかな」とか、「これ読めたらいいね」などとさりげなく言っておきましょう。このように、英語が普段見聞きする言葉とはちょっと違うみたいだと意識させていきます。

教えるという考えを捨てる

教えなきゃとか覚えさせなきゃという考えを捨ててください。

そうではなくて、**子どもに「英語、面白そう」と思わせる方法を考える**のです。

子どもって、面白いと思ったら何でも夢中になりますよね。止めろと言っても、「もうちょっと」「もうちょっと」と言うでしょう。そういう状況を作るのです。

例えば、英語のことば（単語）を見つけるゲームにすれば、子どもも乗ってきます。子どもが見つけた単語がわからなかったらどうしよう、なんて心配は要りませんよ。正直にわからないと言えばいいのです。「お母さんわからないなあ。こんなのが読めるといいのになあ」って悔しがればいいのです。すごくいい動機づけになるでしょう。

動画を利用して親が楽しむ

環境づくりにとても役に立つのが動画です。

動画で見ると本当にすぐに覚えられるんです。考えてみれば、私たちが日本語のものの名前を覚えたり、様々な会話を覚えたのは、本からとか、先生に教えられてというわけではないですよね。実際に周りの人たちの言動を見て、覚えていったわけです。

動画では、そういう状況がつくれるわけです。それを利用しましょう。

子どもは親のすることに興味津々なんですよ。**親御さんが楽しい面白いと思ってし**

ていることは、**真似したくなる**のです。ですから、親が英語ができるできないにかかわらず、楽しそうに英語を聞いていたら、それを子どもは観察しています。

本好きの親の子どもは、よく本を読むと言いますよね。親が子どもの前でよく本を読んでいると子どもは、本を読むことが当たり前だと思うし、本を読むことが楽しいのだろうと推測するわけです。だから、自分もやってみるというわけです。英語も同じです。

子どもに集中して英語番組を見せるには？

仕事をしていたり、下の子の世話で忙しいという親御さんもいますよね。

親が英語動画を見るなんていう余裕がない時は、その状況を利用すればいいのです。

まず、子どもが興味をもちそうな動画を見つけます。そして子どもに、

「残念、お母さんご飯作らないといけないから見られない。見たいのになあ」

「○○ちゃんお母さんの代わりに見て、後で教えてくれる？」

と言えば、子どもは真剣に見てくれます。

親御さんに教えてあげなきゃと思うから、一生懸命覚えようとしてくれます。**別に英語を理解しなくてもいいのです。動きが面白ければその動きを真似してくれます。それでいいのです。なぜなら、子どもの耳には英語が入っているからです。**日本語と違う音を聞く訓練として考えましょう。

強制せずに環境づくりに徹する

決して「見なさい！」とか「聞きなさい！」と強制しないようにしてください。親が強制すればするほど、得られる効果は下がっていくと考えてください。

本当に結果を望むならば、子どもが自らやってみようと思うように仕向けることです。自分から興味をもったことならたとえ10分でも必ず成果がでます。

例えば、「これ、なんか面白そう」などと言って、子どもが遊んでいる時などに流せばいいのです。小さい子どもなら、子どもが好きなぬいぐるみやフィギアなどを持ってきて、「ぬいぐるみのうさちゃんも見たいんだって」と言ってテレビの前に置きます。お子さんがすぐに見なくても放っておいて大丈夫です。「お母さんあとでうさちゃんに面白かったか聞いてみようっと」とでも言っておきます。お子さんが近くにいるなら、そのままかけておきましょう。小さい子には結構効果があります。

子どもが幼稚園などに行きだしている場合は、他にもやらなければならないことがいっぱいあるでしょうから、英語を流す時間をある程度決めておいてもいいでしょう。幼稚園に行く前の20分とか、夕ご飯前の20分とか、夜お風呂から上がった時とか。

子どもが嫌がらなければ、できるだけ長い時間英語に触れる環境をつくった方が、効果はあります。ですから、**BGMのように流しておくだけでも構いません**。まあ、他に色々教えたいこともあるでしょうから、無理しない程度にね。

接し方・褒め方のアドバイス

できないことは指摘せず、できたことをどんどん褒める

子どもをやる気にさせるには、些細なことでもできたことを認めてあげましょう。

もしお子さんが動画を見て、少しでもアクションしたり、歌を歌ったり、英語を口

にしたら、「えー、英語聞き取れたの？　すごいね」と**英語を聞き取ることは難しいことなのに、それができているんだと伝えましょう**。

そうすると、自分は難しいことも簡単にできているんじゃないか、と自信を持ちます。実際、大人にはとても難しい聞き取りが、子どもなら簡単にできるのです。

英語の歌を歌ったなら、「じょうずに歌えるねえ」「英語の歌を歌えるなんてかっこいいね」「お母さんよりじょうず」「外国人が歌ってるかと思ったよ」「お父さんにも教えて」なども自信を持たせるのにいいでしょう。

子どもがどんな言葉に反応してやる気になってくれるかは、色々試してみなければわかりませんが、**やれたことをきちんと認めてもらえるのは嬉しいこと**です。

成果を可視化して見せて褒める

例えば、スマホで録画して、それを子どもと一緒に見るというのも効果的です。その際は次のように声をかけてあげましょう。

「すごくじょうずだからスマホでビデオ撮っておこう」

「ビデオ撮って、お父さんにも見せてあげようっと」
「全部覚えて歌えるなんてすごいから記念に残しておこう」

歌やダンス、エキササイズなどは、できるだけ一緒に声に出してやってみましょう。
「声に出してやったら、先生になったみたいでかっこいいよね」
「いっぱいやったらすごく元気になれそうだね」
「昨日より上手にできるようになったよね」
などとやることのメリットもどんどん伝えましょう。

〈POINT〉

○英語が違う言葉だということをさりげなく意識させていく
○教えるのではなく、わかりたいと思わせるようにもっていく
○できないことではなく、できたことに注目して褒める
○成果を客観的に見せてあげると、できていると実感できる

3歳〜4歳時期の環境づくり

You Tubeで取り入れる

この本で3歳〜4歳くらいまでに紹介している動画は、英語がネイティブの国で制作されたものを選んでいます。非英語圏で作られたものは、たまに訛りがきついなと思うものも見受けられるからです。

ただ、仮にそのような動画に子どもが興味をもったとしても、ダメだしする必要はありません。世界では、非英語圏の国の方が圧倒的に多いのですから、「この人の発音はちょっと違うね」くらいに言っておきましょう。

子どもは飽きるのも早いので、また違った動画に興味をもち出すと思います。子どもが興味をもつ動画が、親の好みと違ったりすることもあるかもしれませんが、子どもが見たいものを見せる方がずっと効果的です。もちろん、内容的に過激であったり不適切な表現が使われていたりして、幼児に向かないものもありますから、そういうものは避ける必要があります。

song

https://www.youtube.com/watch?v=GoSq-yZcJ-4

Walking In The Jungle | Super Simple Songs

（チャンネル：Super Simple Songs - Kids Songs）

【概要】

歌詞も簡単で覚えやすいです。アクションもかわいいのでぜひやってみてください。

song

https://www.youtube.com/watch?v=oOvhASO-dZM

Kids Actions Songs | Kids Song Compilation | The Singing Walrus

（チャンネル：The Singing Walrus - English Songs For Kids）

【概要】

とてもノリの良いアレンジで、私のスクールの子どもたちにも人気の動画です。

song

https://www.youtube.com/watch?v=9SDIdUSyfIY

Five Little Ducks & More! | Kids Songs and Nursery Rhymes - Learn counting, learn the alphabet

（チャンネル：Bounce Patrol ― Kids Songs）

【概要】

外国人が楽しく面白く教えてくれます。外国人に抵抗をなくしましょう。

song

https://www.youtube.com/watch?v=Fmg8OUd8CkQ

Five Little Apples | Apples Song | Nursery Rhymes & Baby Song | Kids Songs for Children

（チャンネル：Kids Tv- Preschool Learning Videos）

【概要】

カラフルな映像で子どもの目を引きます。子どもたちがよく知っているメロディの替え歌です。

song

https://www.youtube.com/watch?v=2UcZWXvgMZE

Freeze Dance | Freeze Song | Freeze Dance for Kids | Music for Kids| The Kiboomers

（チャンネル：The Kiboomers-Kids Music Channel）

【概要】

楽しい歌です。色々なシチュエーションの歌があります。

song

https://www.youtube.com/watch?v=Mg0pSoI1dq8&t=39s

The Weather Song + More Weather Songs for Kids⛅| Lingokids

（チャンネル：Lingokids Songs and Playlearning）

【概要】

カラフルでかわいいアニメです。たくさん収録されていますので、かけ流しにも使えます。

song

https://www.youtube.com/watch?v=S9XZX3m06cE

The Wheels On The Bus | Children Song | Nursery Rhyme song for kids and baby | Patty Shukla

（チャンネル：Patty Shukla - Nursery Rhymes and Preschool videos）

【概要】

明るい外国人女性の先生で、女の子には特にとっつきやすいと思います。

story

https://www.youtube.com/watch?v=ISL1r9umtqA

The Ant and the Grasshopper- Fairy tale - English Stories (Reading Books)

（チャンネル：English Singsing）

【概要】

最初は聞き、次にリピートでき、最後は自分で読めるようになっています。お母さんが読んでもいいですし、子どもが自分で読みたがればヘルプしてあげてもいいでしょう。

lesson

https://www.youtube.com/watch?v=XV3rs2LVrYE

Colors with Cars | Kindergarten Kids Song & Nursery Rhyme Collection

（チャンネル：Little Treehouse Nursery Rhymes and Kids Songs）

【概要】

最初に車のレースが出てくるので特に男の子が興味をもつでしょう。

other

https://www.youtube.com/watch?v=eqgYDiZZwg4

Peppa Pig Official Channel | Play Marble Run with Peppa Pig

（チャンネル：Peppa Pig - Official Channel）

【概要】

大人気のアニメです。ペッパという女の子とその家族の日常を描いています。家族や友達とのやりとりがほっこりします。１つのストーリーが短いので、ちょっとした時間に見せることができます。

絵本で取り入れる

子どもが読むことに興味をもち出したら、大きな文字の単語や簡単な文章から読ませてあげましょう。

下の年齢の時期で書いたことの繰り返しになりますが、親御さんが読めるなら、読んで聞かせるといいですが、自信がないと言う方のために参考You Tube動画のURLも載せておきます。

絵本の中にはアニメ化されているのも多くありますが、どのような絵本かがわかる動画をご紹介しています。アニメ化されたものを、かけ流しに利用しても構いません。

book

『THE VERY HUNGRY CATERPILLAR』

Eric Carle（著）／Philomel Books（出版／Brdbk版）

【概要】

「はらぺこあおむし」として日本でも大人気の絵本です。

【Amazon】

https://www.amazon.co.jp/dp/0399226907

【読み方参考】

https://www.youtube.com/watch?v=btFCtMhF3iI&t=19s

book

『Chikca Chikca Boom Boom』

Bill Martin Jr.（著）、John Archambault（著）、Lois Ehlert（イラスト）、Beach Lane Books（出版／Reprint 版）

【概要】

アルファベットの文字を擬人化して楽しく学べる絵本です。

【Amazon】

https://www.amazon.co.jp/dp/068983568X

【読み方参考】

https://www.youtube.com/watch?v=6VWfRci8_o4

book

『Chugga Chugga Choo Choo』

Kevin Lewis（著）、Daniel Kirk（イラスト）、Disney Book Group（出版／Brdbk 版）

【概要】

汽車が登場するカラフルな絵本です。リズムをつけて声に出して読むと楽しいです。

【Amazon】

https://www.amazon.co.jp/dp/0786807601

【読み方参考】

https://www.youtube.com/watch?v=AEG3oSxko_0

『TIME for a HUG』

Phillis Gershator（著）、Mim Green（著）、David Walker（イラスト）、Sterling Pub Co Inc（出版／ Brdbk 版）

【概要】

抱っこの時間。親子でいっぱいハグしたくなる絵本です。

book

【Amazon】

https://www.amazon.co.jp/dp/1454908564

【読み方参考】

https://www.youtube.com/watch?v=6HKTlY3NCbw

『Snow』

P.D. Eastman （著）、Random House Books for Young Readers（出版／ Illustrated 版）

【概要】

文字は小さいですが、冬に読みたい、かわいい絵ときれいな色の絵本です。

book

【Amazon】

https://www.amazon.co.jp/dp/0394800273

【読み方参考】

https://www.youtube.com/watch?v=IDtLY5CzSNo

book

【Amazon】

https://www.amazon.co.jp/dp/0763689467

『PECK PECK PECK』

Lucy Cousins（著 , イラスト）、Candlewick（出版／ Reissue 版）

【読み方参考】

https://www.youtube.com/watch?v=setyiWImKas

【概要】

キツツキが色々なものをつついていきます。絵本に本当に穴があいています。

book

【Amazon】

https://www.amazon.co.jp/dp/0857534785

『Shark in the Park』

Nick Sharratt（著）、Doubleday Childrens（出版）

【読み方参考】

https://www.youtube.com/watch?v=-vLevbnzqvw

【概要】

繰り返しの多い絵本。サメのひれだと思ったものが実は何だったでしょう。

『Pants』

Giles Andreae（著）、Nick Sharratt（イラスト）、David Fickling Books（出版）

【概要】

色々なパンツが登場して思わず笑っちゃうような楽しい絵本です。

book

【Amazon】

https://www.amazon.co.jp/dp/0385610394

【読み方参考】

https://www.youtube.com/watch?v=J5LvSqKB4Jc

『WE'RE DIFFERENT, WE'RE THE SAME』

Bobbi Kates（著）、Joe Mathieu （イラスト）、Random House Books for Young Readers（出版）

【概要】

見かけは違っても、みんな同じだと教えてくれます。

book

【Amazon】

https://www.amazon.co.jp/dp/0593378164

【読み方参考】

https://www.youtube.com/watch?v=oY6MNqyjj3M

book

【Amazon】

https://www.amazon.co.jp/dp/157542200X

『Hands Are Not for Hitting』

Martine Agassi（著）、Marieka Heinlen（イラスト）、Free Spirit Pub（出版／ Brdbk 版）

【読み方参考】

https://www.youtube.com/watch?v=dGVW3BHq-yE

【概要】

手でできることが色々描かれています。手はお友達をたたくためにあるのではないですよ。

book

【Amazon】

https://www.amazon.co.jp/dp/0140546685

『A my name is ALICE』

Jane E. Bayer（著）、Steven Kellogg（イラスト）、Puffin Books（出版／ Reprint 版）

【読み方参考】

https://www.youtube.com/watch?v=vMmUSScxEuA

【概要】

カラフルな絵で色々な動物や国の名前が出てきます。アリタレーションという手法です。

歌・手遊びで取り入れる

どんどん身体を使わせていきましょう。歌詞と動きがマッチしていくと楽しさも倍増します。ただし、シャイな子はアクションや動作をやりたがらないこともあります。その時は強制しないで、お母さんやお父さんが楽しんでください。何かのきっかけで変わりますし、時期がくればできるようになります。とりあえず見せたり聞かせたりして、歌が歌えるようになればいいねと促していきましょう。

1歳～2歳、2歳～3歳のところでご紹介した遊び（P82～、P120～）もお勧めです。

song

Hickory Dickory Dock　ヒッコリディッコリドック

歌詞に合わせて振りをつけても楽しい歌です。ヒッコリディッコリドックに意味はなく、12時まで続くものや動物が変わるものもあります。

Hickory Dickory **Dock**,	ヒッコリディッコリドック
The mouse ※1 went up the **clock**,	ネズミが時計に駆けのぼった
The clock struck one ※2,	時計が1時を打つと
The mouse ※1 went **down**,	ネズミは駆け下りた
Hickory Dickory **Dock**.	ヒッコリディッコリドック
Tick tock, tick tock, tick **tock**.	チックタック、チックタック

※に以下を入れて歌います。※1 frog ※2 two ／※1 cat　※2 three ／※1 pig ※2 four ／※1 monkey　※2 five ／※1 hippo　※2 six

【遊び方参考】

Hickory Dickory Dock - Children's Song with Lyrics

（チャンネル：Twinkle Little Songs - Nursery Rhymes）

https://www.youtube.com/watch?v=XSPV-ezPMhQ

song

Here We Go Round the Mulberry Bush ヒアウィゴラウンザモベリブッシュ

オリジナル曲は桑の木の周りを回ろうという歌ですが、今では替え歌の方がメジャーです。朝の支度を歌とアクションで楽しく覚えられます。

Here we go round the mulberry bush,	マルベリーブッシュの周りを回るよ
The mulberry bush,the mulberry bush,	マルベリーブッシュ、マルベリーブッシュ
Here we go round the mulberry bush,so early in the morning.	マルベリーブッシュの周りを回るよ、朝早くに

This is the way we wash our face, wash our face,wash our face ※	これが顔を洗う方法だよ 洗うよ、洗うよ
This is the way we wash our face ※, so early in the morning.	これが顔を洗う方法だよ 朝早くに

※に we brush our teeth,（これが歯の磨き方だよ）／ we comb our hair,（これが髪をとかす方法だよ）／ we put on our clothes,（これが服の着方だよ）を順に入れて歌います。

Here we go round the mulberry bush,	マルベリーブッシュの周りを回るよ
The mulberry bush,the mulberry bush,	マルベリーブッシュ、マルベリーブッシュ
Here we go round the mulberry bush, so early in the morning.	マルベリーブッシュの周りを回るよ、朝早くに

【遊び方参考】

Here We Go Round the Mulberry Bush | Song | Nursery Rhymes with Ready, Set, Sing!

（チャンネル：A*List! English Learning Videos for Kids）

https://www.youtube.com/watch?v=dLLm3oc_DxY

song

Little Cabin In the Wood リトルキャビンインザウッド

日本語では「やまごやいっけん」として歌われています。メロディを聞けばきっと馴染みがあるはず。

Little cabin in the wood,	森の中の小屋で
Little man by the window stood,	小さな男が窓のそばに立っていた
Little rabbit hopping by ※ ,	小さなウサギが跳ねてきて
Knocking at the door.	ドアをノックしながら
"Help me, help me, sir.	「助けて、助けて、
Before the hunter catches me",	猟師が僕を捕まえる前に」
"Come on in." the little man cried.	「お入り」と小さな男は叫んだ
"Warm up by the fire."	「暖炉のそばで温まりなさい」

※に Little deer dashing by（小さな鹿がダッシュしてきて）／Little raccoon running by（小さなアライグマが走ってきて）を順に入れて歌います

【遊び方参考】

Little Cabin in the Woods | Nursery Rhymes | Classic | Little Fox | Animated Songs for Kids

（チャンネル：Little Fox - Kids Songs and Stories）

https://www.youtube.com/watch?v=5lswu8S3k_U

song

Pop Goes the Weasel ポップゴーザウィーゼル

popという音がピョンと飛び出すイメージなので、ビックリ箱（Jack-in-the-box）に使われたりする楽しい歌です。

All around the mulberry bush,	桑の木の周りで
The monkey ※1 chased the weasel,	サルがイタチを追いかけた
The monkey stopped to pick up his hat, ※2	サルは帽子を取るために止まった
Pop! goes the weasel.	ピョン！ イタチは跳ねた

A penny for a spool of thread,	糸巻きに1ペニー
A penny for a needle,	針に1ペニー
That's the way the money goes,	こうしてお金は消えていく
Pop! goes the weasel.	ピョン！ イタチが跳ねた

※に以下を順に入れて歌います

※1 The doggie（わんちゃん）／※2 The doggie stopped to wag his tail（しっぽをふるために止まった）

※1 The kitty（ねこちゃん）／※2 The kitty stopped to lick her fur（毛をなめるために止まった）

※1 The froggy（カエル）／※2 The froggy stopped to catch a fly（ハエを捕まえるために止まった）

※1 The bunny（うさちゃん）／※2 The bunny stopped to wiggle his ears（耳を揺らすために止まった）

※1 The lizard（トカゲ）／※2 The lizard to roll his eyes（目を回した）

【遊び方参考】

Pop Goes the Weasel | Kids' Song

（チャンネル：Rock 'N Learn）

https://www.youtube.com/watch?v=PrUdD2dX8e4

song

Ten Little Indians テンリトルインディアンズ

皆さんも聞いたことがあるでしょう。数を覚えるのにいいですね。

One little, two little, three little Indians,	1人、2人、3人の小さなインディアン
Four little, five little, six little Indians,	4人、5人、6人の小さなインディアン
Seven little, eight little, nine little Indians,	7人、8人、9人の小さなインディアン
Ten little Indian boys.	10人の小さなインディアンの男の子

Ten little, nine little, eight little Indians,	10人、9人、8人の小さなインディアン
Seven little, six little, five little Indians	7人、6人、5人の小さなインディアン
Four little, three little, two little Indians	4人、3人、2人の小さなインディアン
One little Indian boys.	1人の小さなインディアンの男の子

【遊び方参考】

Ten Little Indians | Nursery Rhymes And Kids Songs by KidsCamp

（チャンネル：KidsCamp - Education）

https://www.youtube.com/watch?v=k0SkWCCWrF8

song

Ten In the Bed テンインザベッド

絵本も出版されている楽しい数え歌です。最後のオチは色々なパターンがあります。幼児にとって10までの数は基本ですね。

There were ten ※ in the bed,	ベッドに10人いたよ
And the little one said,	おチビちゃんが言ったんだ
“Roll over, roll over”	「転がって、転がって」
So they all rolled over, and one fell out.	で、みんなが転がって、一人落っこちた

※に nine, eight, seven, six, five, four, three, two を順番に入れて歌います。

There was one in the bed,	ベッドに１人いたよ
And the little one said,	おチビちゃんは言ったよ
“Good night”.	「おやすみなさい」

【遊び方参考】

"Ten in the Bed" by ABCmouse.com

（チャンネル：ABCmouse.com Early Learning Academy）

https://www.youtube.com/watch?v=d7gL8TrMUks

song

Polly Put the Kettle On ポリープッザケトルオン

ティータイムを楽しむイギリスらしいナーサリーライム。繰り返しが多いのですぐに覚えられます。

Polly, put the kettle on,	ポリー、ケトルを火にかけて
Polly, put the kettle on,	ポリー、ケトルを火にかけて
Polly, put the kettle on,	ポリー、ケトルを火にかけて
We'll all have tea.	みんなでお茶飲もう
Sukey, take it off again,	スーキー、ケトルを下して
Sukey, take it off again,	スーキー、ケトルを下して
Sukey, take it off again,	スーキー、ケトルを下して
They've all gone away.	みんな帰っちゃった

【遊び方参考】

Polly, Put the Kettle On | Mother Goose | Nursery Rhymes | PINKFONG Songs for Children

（チャンネル：Pinkfong Baby Shark - Kids' Songs & Stories）

https://www.youtube.com/watch?v=U0fUiABbiLQ

song

Baa Baa Black Sheep バァバァブラックシープ

もともとの歌詞では black sheep だけでした。しかし、昔の奴隷制度を感じさせる部分もあるので、近年は人種差別を意識して、様々な色の羊が登場するようにアレンジされています。

Baa, baa, black sheep,	メエメエ黒ヒツジさん
Have you any wool?	羊毛は持っていますか？
Yes sir, Yes sir,	はいはい
Three bags full.	３つの袋いっぱいに
One for the master,	１つはご主人様に
One for the dame,	１つは奥様に
One for the little boy,	そして１つは少年に
Who lives down the lane.	彼は道を下った所に住んでいる
Baa, baa, black sheep,	メエメエ黒ヒツジさん
Have you any wool?	羊毛は持っていますか？
Yes sir, Yes sir,	はいはい
Three bags full.	３つの袋いっぱいに

【遊び方参考】

Baa Baa Black Sheep | CoComelon Nursery Rhymes & Kids Songs

（チャンネル：Cocomelon - Nursery Rhymes）

https://www.youtube.com/watch?v=MR5XSOdjKMA

play

Eeny meeny miny Moe イーニーミーニーマイニーモー

誰かやどれかを選ぶ時に使う歌で、日本では「どれにしようかな、神様の言う通り」などと歌われますね。eeny meeny miny moe には特に意味はありません。

Eeny meeny miny **moe**,	イーニーミーニーマイニーモー
Catch a tiger by the **toe**,	トラのつま先捕まえて
If he screams, let him **go**,	もし虎が叫んだら、離してやろう
Eeny meeny miny **moe**.	イーニーミーニーマイニーモー
You are it !	

【遊び方参考】

Eeny meeny, miny, moe

（チャンネル：Macmillan Spain）

https://www.youtube.com/watch?v=RSUmoBejJRs

play

BINGO ビンゴ

拍手すべきところを声に出してしまったらアウトというようなゲームもできます。

There was a farmer had a dog,	犬を飼ってる農夫がいたよ
and BINGO was his name o.	ビンゴっていう名前だったよ
B-I-N-G-O	ビーアイエヌジーオー
B-I-N-G-O	ビーアイエヌジーオー
B-I-N-G-O ※	ビーアイエヌジーオー
And BINGO was his name o.	ビンゴって名前だよ

※に以下を入れて順に3回ずつ繰り返しながら歌い、最後は最初歌詞に戻ります。

(clap) I-N-G-O ((拍手) アイエヌジーオー) ／
(clap) (clap) N-G-O ((拍手) (拍手) エヌジーオー) ／
(clap) (clap) (clap) G-O ((拍手) (拍手) (拍手) ジーオー) ／
(clap) (clap) (clap) (clap) O (拍手) (拍手) (拍手) (拍手) オー／
(clap) (clap) (clap) (clap) (clap) ((拍手) (拍手) (拍手) (拍手) (拍手))

【遊び方参考】

Bingo | CoComelon Nursery Rhymes & Kids Songs

(チャンネル：Cocomelon - Nursery Rhymes)

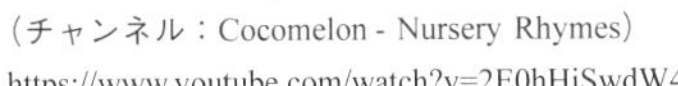
https://www.youtube.com/watch?v=2E0hHjSwdW4

ゲームで取り入れる

3〜4歳になれば、身体的にもできることが増え、また色々なことが理解できるようになります。親子で対等に勝負できるゲームも増えてくると思いますが、ここで紹介しているような「できた！」を増やすようなゲームがお勧めです。

この時期の子どもは、自分でできることが自慢だし嬉しいので、助け過ぎず自分でできたと思わせてくださいね。

勝った負けたはおまけのようなものですが、子どもが勝った時は「やったね」と喜んであげましょう。相手の勝利を祝福するという姿勢を子どもに示してください。

game

「フィッシングゲーム」

カタログやチラシなどから、野菜や果物や衣類など教えたい単語の写真を切り取り、厚紙に貼ってカードを作ります。またアルファベットを書いたりしてもいいです。絵が描ける人は描いてください。画用紙程度の厚紙で大丈夫です。それにゼムクリップをつけておきます。

１００円ショップなどで売っている磁石に紐を結びつけ、割りばしなどにくくりつけると釣り竿の出来上がりです。

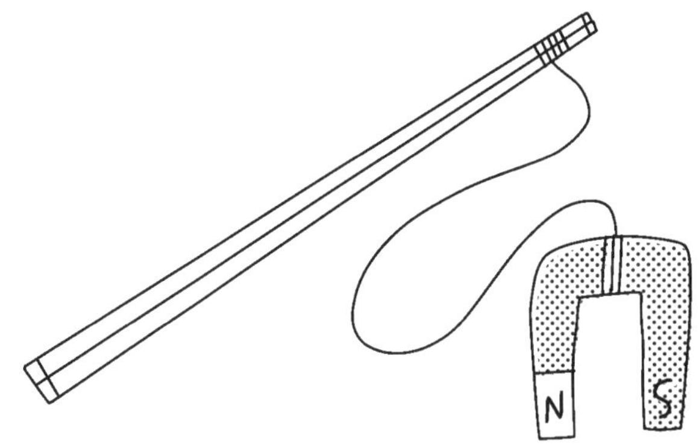

青いゴミ袋などの上に、ゼムクリップのついたカードを広げて、釣り竿で釣り上げるというゲームです。必ず釣り上げたものを声に出して言いましょう。

子どもがお絵描きなどできるようになったら、子ども自身に絵を描かせてカードを作ってみましょう。絵を描く時は、単語を口に出して意識させてくださいね。

game

「マッチングゲーム」

フィッシングゲームで作ったカードも使えますが、同じカードを２枚用意します。

それを裏返して並べ、神経衰弱の要領で２枚ずつめくっていきます。同じカードをめくったらカードを取れます。違ったらまた裏返しておきます。めくった時に必ず、そのカードが何か声に出して言いましょう。

game

「どっち？」
参照85ページ

〈さらに表現を増やすなら〉

Which one is bigger (the biggest ／ smaller than this ／ the smallest ／ faster ／ the fastest ／ new ／ old) ?

game

「真似っこ」
参照82ページ

真似っこでは、お母さんが子どもの行動を真似て実況中継するのも効果的です。

例えば、走ったら、その動作を真似て“You are running.”

猫のように歩けば、その動作を真似て“You are walking like a cat.”などと言います。

〈さらに表現を増やすなら〉

You are touching the TV (walking fast ／ sitting on the chair) .
Knock at the door.
Wipe the table.
Comb your hair.
Wash your hands.

game

「ムーブ＆ストップ」
参照87ページ

＜さらに表現を増やすなら＞

Shake your hands and stop.（お手手をブラブラ　ストップ）

Wiggle your body and stop.（身体をクネクネ　ストップ）

Blink your eyes and stop.（お目目をパチパチ　ストップ）

Swing your arm and stop.（腕をグルグル　ストップ）

アプリを利用する

いつでもどこでもできるのはアプリの大きなメリットです。ただ、相手と話して会話力をつけるというような効果はありませんので、あくまでもインプットのための英語環境づくりと考えましょう。

アプリの選び方

アプリを利用する場合、まず色彩がカラフルで、英語が理解できなくても見ているだけで楽しいものを選びましょう。

お勉強していると思わせないで、お遊び感覚でさせるといいです。ここでは、無料のものをご紹介しておきます。

また、左記のサイトも参考になります。

ENGLISH JOURNAL ONLINE

https://ej.alc.co.jp/entry/20190605-ei-goapp-kids

アプリヴ　Appliv

https://app-liv.jp

注意点

小さな画面を長時間見せ続けるのは、視力や健康面で問題があります。幼児期は親子で向き合って関わる時間も大切ですから、スマホは補助的に利用するようにしましょう。

App

ABC Kids-Tracing & Phonics

アルファベットが学べる初学者向きアプリ。楽しいゲームで文字を書くことやフォニックスも学べます。

https://play.google.com/store/apps/details?id=com.rvappstudios.abc_kids_toddler_tracing_phonics&hl=ja&gl=US

App

123 Numbers-Count & Tracing

1から50までの数字が学べる初学者向きアプリ。楽しく数が学べます。

https://play.google.com/store/apps/details?id=com.rvappstudios.numbers123.toddler.counting.tracing&hl=ja&gl=US

App

Spelling & Phonics: Kids Games

出てくるのは身近な単語で初学者向きアプリ。発音と綴りが同時に学べます。

※アップルストアでは“ABC Spelling-Spell& Phonics”という名称です

https://play.google.com/store/apps/details?id=com.rvappstudios.abc.spelling.toddler.spell.phonics&hl=ja&gl=US

App

Timmy's First Words in English

基本的な英単語が、ゲームをしながら覚えていけるアプリです。キャラクターもかわいいです。

※グーグルストアのみ

https://play.google.com/store/apps/details?id=air.com.britishcouncil.learningtimewithtimmy&hl=ja&gl=US

英語教材を利用する

You Tubeや絵本などを利用して子どもが英語に興味をもち出したら、教材を購入するという方法もあります。

おもちゃのように遊べる知育玩具は別ですが、英語教育を目的として作られている教材の利点は、レベルにそって系統立てて学べるということです。

教材の選び方

教材は色々な会社から、様々なタイプのものが出ています。CDやDVD教材、最近はＡＩを利用したロボット教材まであります。

まずは、その教材、例えば使われているキャラクターや映像や音声に、子どもが興味をもつかどうかをしっかり確かめましょう。

You Tubeやテレビ番組などで、子どもが興味をもつものがわかったら、そのキャラクターが使われているものや、それに雰囲気が近い教材などを探してみましょう。

子どもは自分が好きなキャラクターなら、喜んで学習してくれるでしょう。

ご自分の予算などに合うものがあれば、資料請求してください。

資料が届いたら、それを子どもと一緒に見てみるといいでしょう。パンフレットの絵や写真に子どもが興味を示したら、「やってみる?」と聞いてあげてください。そうすると、子どもも教材が届くのを楽しみに待つようになります。

注意点

教材には色々な種類がありますが、頑張ってうん十万の教材を買い、張り切って始めようとしたのに、子どもに、「面白くない!」、「やりたくない!」と拒否されてしまいガッカリ。せっかく買った教材はただの飾りに……というのもよくある話です。

子どもは残念ながらすぐに飽きてしまいます。特に今の時代は物が溢れていますから、目移りするものがいくらでもあります。

ですから、高価な教材をまとめて購入してしまうのはあまりお勧めしません。

積まれている教材は親にとってもプレッシャーになりますね。高価な教材なんだから使わせなきゃと子どもに強制してしまって、逆に英語嫌いにさせてしまうなんてことにもなりかねません。

もしレベル毎に分かれている教材で別々に購入できるなら、ぜひそうしてください。

この時期は初学者用の簡単なものを少し与える程度にしてください。あまりお勉強という意識を持たせないで、「かんたん!」と思わせる方が、あとあとやりやすいです。

4歳〜6歳

※年齢はあくまでも目安です。

0歳や1歳から、英語があるのが当然という環境づくりができていれば、子どももも抵抗なくステップアップができるかもしれません。ただ、これくらいの時期になってくると、子どもも自分の意志をはっきり示すようになってきます。これまで親が選んだものや勧めたものを大人しく見ていた子どもが、「これはいやだ」と言い出します。

子どもが興味をもったものが、親の好みに合わないとしても、子どもの意志を尊重して、興味をなくさせないようにしましょう。

また、この時期から英語学習を初めてスタートする場合は、子どもが最初からまったく興味を示さないということもあるでしょう。既に子どもの興味を引くものが、周りにたくさん存在するからです。ですから、英語学習をスタートする場合には、親としてはかなりの工夫が必要になってくるかもしれません。

英語に自然に興味をもたせる方法

この時期になると、無理やり英語を覚えさせようとしたら、子どもは反発します。無理やりやらせると、4、5歳にもなれば、やっているふりはするかもしれません。それくらいの知恵はついていますから。でも、「お母さんに叱られた……」「今はあれがしたかったのに……」と、頭の中では他のことを考えているでしょう。

「子どもに教材を見せているけど全然覚えてません」「英語やらせているけど全然効果ありません」などというのは、こういうケースが多いのです。子どもがまったく興味をもっていないのに、無理やり英会話教室に連れて行ったりした場合も同じです。

ではどうすればいいのでしょうか？

一番いいのは、**親御さんが英語学習を始める**ことです。子ども向けのYou Tubeや教材でいいのです。親御さんが面白そうに英語番組を見ていると、子どもも自然に興味をもつようになります。人がやっていることって面白そうに見えるものなのです。

でも、忙しくて親御さんにそんな暇はないと言う場合は、**子どもが他のことをしている時に英語の歌やアニメ番組などを流してください**。決して「見なさい！」とか「聞きなさい！」と強制しないことです。おもちゃで遊んでいる時とか、お絵かきをしている時などがいいでしょう。見ることを強制されていると子どもに感じさせると逆効果になります。「見たければ見てもいいよ」という感じで接してください。

You Tube は毎日、色々違ったものをかけておくと、そのうち子どもが興味をもつものが出てくると思います。そうなればしめたものです。

集中して英語番組を見せる方法

子どもは興味をもつ対象も時期も様々です。ですから、興味をもたせる声かけが必要になってきますが、子どもがなかなか集中して見てくれないということもあります。では、子どもに英語動画を集中して見てもらいたいと思った時、どんな言葉がけをすればいいか、いくつかご紹介しましょう。

その1　雰囲気を変える

私がスクールでも時々やるのは、「ムービータイム！」と言って、部屋のカーテンを閉め暗くして劇場のような雰囲気にすることです。ちょっと長い番組を見せる時などにやりますが、短い動画でも構いません。5分とか10分でも、その時間だけ雰囲気を変えてあげるのです。子どもって、雰囲気が少し変わるだけでも喜びます。

時間がある時、家族でポップコーンやドリンクを用意して、英語アニメを見るのも面白いです。言葉がわからなくても、映像だけでも楽しめる番組はたくさんあります。

その2　親が見て面白がる

子どもが他のことをしている時に、動画を流して、親が見ながら「ワハハ」と笑ってみせたり「ひゃ〜なにこれ〜おもしろ〜い」と大げさに言ってみてください。

特に面白そうな音や声がしたりすると、「なんだろう？」って感じで子どもは注意を向けてくれます。そうして、一緒に見てくれればしめたものです。仮に寄って来なくても、そばにいれば英語は聞こえているはずですから、放っておきましょう。

その3　親が誘って一緒に見る

子どもは親が関心をもっていることには自分も興味を示すことが多いです。「これ、すごく面白いんだって。ちょっと見てみようよ」と子どもを誘って、自分も一緒に見てみましょう。

その動画をお子さんが気に入ればいいですし、もし、関心を示さなければ、「これ好きじゃなかった？　じゃあ、こっちはどう？」と他の動画をかけてみます。要は英語を聞いてくれさえすればいいのですから、特定の動画にこだわる必要はありません。

子どもが集中して見だしたら、親御さんは席を立っても大丈夫です。

なお、気を付けなければならないのは、例えばジッとしていることが苦手な身体を動かしたいタイプの子に、ジッとして聞かなければならないものを勧めてしまうこと。逆に、ジッと集中して聞きたいタイプの子に、身体を動かさないとダメなものを勧めてしまうこと。

これらは、英語に興味をもたせるとか好きにさせるという観点から言うと、逆効果になりかねませんので、気をつけましょう。

その4　スケジュールを一緒に決める

年長さんくらいになれば、事前に子どもとタイムスケジュールを決めておいて、子ども自身に、「英語動画の時間だ」とスケジュール管理をさせるのも手です。

この場合、親が勝手にスケジュールを決めるのではなくて、必ず子どもと一緒に決めましょう。**子どもの意志も尊重していると示してあげることが大切です。そうすると自分で決めたと感じられるから**です。

子どもにアラーム付きの時計を与えたり、動画も自分でどれにするか選択できるようにするといいと思います。要は、自分からやるのだと思わせればいいのです。

その5　スケジュールを習慣化する

最初はちょっと大変かもしれませんが、習慣にしてしまうというのもいい方法です。

幼稚園などに行きだすと、時間に追われるようになりますね。ですから、逆に、時間を決めてそれを習慣にしてしまうのです。例えば、幼稚園に行く前の10分の英語動画タイムとか、夕食の前の20分の英語動画タイムという風に。

これもできれば**子どもと一緒に決めて、日々のスケジュールの中に組み込んでしまう**といいでしょう。とりあえず、その時間になったら、「アッ英語動画タイムだ。かけるね」と言って、動画を流します。

最初はちゃんと聞かなくても焦らないで、毎日自然に流して習慣化してしまいましょう。朝の目覚まし代わりに、英語の歌を流すというのもいいです。毎朝英語を聞きながら目覚めるのですから、英語への抵抗はなくなっていくでしょう。

自分の好みがはっきりしてくる

この年齢になると、好みがはっきりしてきます。それまで機嫌よく見ていたものにも、見向きもしなくなったりします。自分の感覚や感性に合うか合わないかが、子ども自身でわかるようになるのです。

親の勧めるものを何でも受け入れてくれた時期に比べると、何かとやりにくいと感じるようになると思います。口も達者になりますから、時にはバトルになることもあると思いますが、子どもの大きな成長だと捉えて、おおらかに接していきましょう。
見る英語番組などは、子どもの意見を尊重するという姿勢を示していきましょう。
自分で選んだものですから、多少難しくても、また自分が思っていたものと違っていても、我慢して見るでしょう。失敗したと思うこともまたいい勉強になります。

接し方、褒め方のアドバイス

子どものタイプや好みを見極めよう

子どもが興味をもつ動画は、男の子と女の子でも違いますし、活動的な子とおっとりタイプでも違うでしょう。当然、親の好みと子どもの好みが全然違うということも起こってきます。
親は、どうしてもお勉強的な即効性のあるものを選びがち。
早く覚えてもらって、その効果を見たいという気持ちはよく理解できます。でも、子どもにとっては、英語は日常になくてもまったく不自由のない言葉です。覚えなくてもまったく困らないのです。そこをまずしっかり心しておきましょう。

今必要ではないものを身につけさせようとするのですから、子ども自身に興味をもたせることが何よりも大切になります。

それを見つけるまで多少時間がかかるかもしれません。英語動画を流していてもまだあまり興味を示してくれないとしても、流しておけば耳に入っていますから、焦らず諦めずに気長に環境づくりに徹しましょう。

興味をもち始めるまでの期間は、兄弟でも子どもによって違ってきて当然です。

できないことにイライラするのは逆効果。英語ができる親ほど気をつけて

子どもが一人前の口をきき、生活面でほとんど何でもできるようになると、親の期待も膨らんでいきます。こんなこともできるはず、あんなこともやらせたいと思いますね。

特に他の子ができていることは、自分の子にもさせなきゃと焦ってしまうかもしれません。でも、ぜひ覚えておいてほしいのは、**他の子ができないことで、わが子がで**

きていることだってあるのです。得意不得意は誰にでもありますから、他の子と比べて焦る必要はまったくありません。

英語に関して言えば、わが子の理解が遅いと、「どうしてこれができないの?!」と英語ができる親ほどイライラしてしまいがち。

でも、それは逆効果。決して良い結果を招きません。

〈POINT〉

○親御さんが英語学習を始めたり、英語動画を楽しむ姿勢を見せることが効果的
○動画を見る時に部屋の雰囲気を変えると新鮮
○子どもに自分でスケジュールを決めさせたり管理をさせる
○子どものタイプを見極め、環境づくりを続ける
○焦りは禁物。成果が出るスピードは一人一人違う

4歳～6歳時期の環境づくり

You Tube で取り入れる

ご紹介している動画はできるだけ英語がネイティブの国で制作されたものを選んでいますが、英語学習が目的の動画の場合は、英語圏でないところの方が、英語学習者が苦手な点をよく把握していることもあります。4歳～6歳になれば、動画の制作国は気にせず気に入ったものを選んで大丈夫だと思います。

アメリカのメディア心理学の学者たちの研究によると、子どもは、自分の好きなキャラクターが登場する映像からよく学ぶそうです。自分の好きなキャラクターが何を言っているのか知りたいと思うのは、とっても自然だし、いい動機づけになります。

また、この時期には、男の子なら、科学や自然や乗り物、恐竜などにも興味をもち始めることが多いでしょう。女の子なら、アート系やクッキングなどにも関心を持つ子が多い印象です。子どもの好奇心をくすぐるような動画も見つけていきましょう。

song

https://www.youtube.com/watch?v=gghDRJVxFxU

Hello Song for Kids | Greeting Song for Kids | The Singing Walrus

（チェンネル：The Singing Walrus - English Songs For Kids）

【概要】

挨拶が覚えられる、とてもノリが良くて覚えやすいメロディで、私も大好きな歌です。

song

https://www.youtube.com/watch?v=mnR26u74JbY&t=717s

This Little Piggy Went To Market | Nursery Rhymes Songs For Children | Baby Song By Preschool

（チャンネル：Kids Tv - Preschool Learning Videos）

【概要】

とてもカラフルなアニメなので、子どもの目を引きます。映像も面白いので、英語がわからなくても見てくれるでしょう。

story

https://www.youtube.com/watch?v=6erXxWVdkXU

The Prince and the Pauper - Fairy tale - English Stories（Reading Books）

（チャンネル：English Singsing）

【概要】

最初は聞き、次にリピートでき、最後は自分で読めるようになっています。子どもが自分で読めるように導きましょう。

story

https://www.youtube.com/watch?v=tYa6OLQHrEc&t=2s

Caterpillar Shoes | Sweet rhyming bedtime story for kids!

（チャンネル：The Old Branch）

【概要】

虫好きな子が喜ぶかも。バックの映像がリアルです。イギリス英語です。

lesson

https://www.youtube.com/watch?v=HFRd1RAJqpk

How old are you?+More Kids Cartoon story step A | Learn English | Collection of Easy conversation

（チャンネル：English Singsing）

【概要】

日常よく使う基本的な短い会話が覚えられる動画です。絵も面白いです。

lesson

https://www.youtube.com/watch?v=qCiGpNQWVTU

Meet the Animals 20min | Mammals for Kids | Gorilla, Elephant, Whale, Tiger, Giraffe + More

（チャンネル：Little Fox - Kids Songs and Stories）

【概要】

動物に興味をもったり、読むことに興味をもちだしたら見せてみましょう。

https://www.youtube.com/watch?v=mO2tQvrqYHk

English Phonics Story | A to Z for Children | Collection of Kindergarten Story

（チャンネル：English Singsing）

【概要】

簡単なストーリーの中で、フォニックス（発音とつづりの間の法則が学べる）の音に触れられるようになっています。

lesson

https://www.youtube.com/watch?v=EppIgnilutw

25 Sight Words for Kindergarten #1 - Vocabulary Words - ELF Learning

（チャンネル：ELF KidsVideos）

【概要】

文字や読むことに興味をもちだしたら、フォニックスと同時にぜひ見せてください。サイトワードは、日常頻繁に使うので覚えるべき単語です。レベル1から始めましょう。

lesson

https://www.youtube.com/watch?v=hq3yfQnllfQ

Phonics Song with TWO Words - A For Apple - ABC Alphabet Songs with Sounds for Children

（チャンネル：ChuChu TV Nursery Rhymes & Kids Songs）

【概要】

フォニックスが学べる歌。２単語ずつ同じメロディが繰り返されます。覚えやすいメロディです。

other

https://www.youtube.com/watch?v=HXLKclUoCHA

Blippi Feeds & Plays With Animals At The Zoo | Animals For Kids | Educational Videos For Kids

（チャンネル：Blippi-Educational Videos for kids）

【概要】

ブリッピーという陽気な男性が、色々な所に出向いて、子どもたちに言葉や様々な知識を教えてくれます。

絵本で取り入れる

絵本は親御さんが読めるなら、読んで聞かせるといいですが、自信がない方はYouTube動画を参考にしてください。

どのような絵本かがわかる動画をご紹介していますが、アニメ化されたものを見せたり、かけ流しに利用しても構いません。

多読用にシリーズで出版されている次の絵本もおすすめです。

Magic Tree House Series

https://www.magictreehouse.com/

Half-Pint Readers

https://half-pintkids.com/

book

『Little Cloud』

Eric Carle（著）、Grosset & Dunlap（出版／第1版）

【概要】

白い雲が色々な形に変わっていく想像力を掻き立てる絵本。絵の面白さで楽しめます。

【Amazon】

https://www.amazon.co.jp/dp/0448444186

【読み方参考】

https://www.youtube.com/watch?v=OVvGOOc4uQk

book

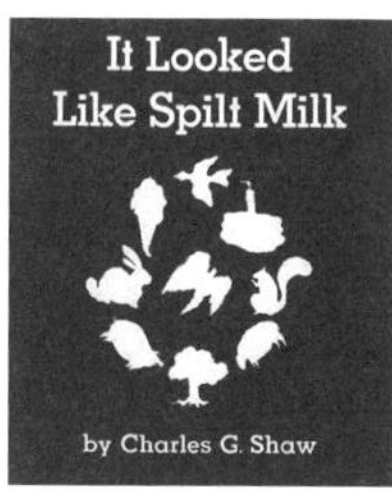

『It Looked Like Spilt Milk』

Charles G. Shaw（著，イラスト）、HarperFestival（出版 /Brdbk 版）

【概要】

ミルクをこぼしたような白い形が色々変化していきます。

【Amazon】

https://www.amazon.co.jp/dp/069400491X

【読み方参考】

https://www.youtube.com/watch?v=7TG1F8BR718

book

『llama llama red pajama』

Anna Dewdney（著，イラスト）、Viking Books for Young Readers（出版／ Brdbk 版）

【概要】

ラマの母子が主人公。リズミカルに読むと楽しいです。

【Amazon】

https://www.amazon.co.jp/dp/0451474570

【読み方参考】

https://www.youtube.com/watch?v=6YSlfCmPT9U

book

『CORDUROY』

Don Freeman（著）、Viking Books for Young Readers（出版／ Brdbk 版）

【概要】

50 年以上前に書かれた古き良き時代を感じさせる名作。結構長いお話です。

【Amazon】

https://www.amazon.co.jp/dp/0451470796

【読み方参考】

https://www.youtube.com/watch?v=AZsUTaMKRFc

book

『IF YOU GIVE A MOUSE A COOKIE』

Laura Joffe Numeroff（著）、Felicia Bond（イラスト）、HarperCollins（出版）

【概要】

もしネズミにクッキーを与えたらその先どうなるか？　と話がどんどん展開していく楽しい絵本です。

【Amazon】

https://www.amazon.co.jp/dp/0060245867

【読み方参考】

https://www.youtube.com/watch?v=QCDPkGjMBro

book

『HAND, HAND, FINGERS, THUMB』

Al Perkins（著）、Eric Gurney（イラスト）、Random House Books for Young Readers（出版／Brdbk 版）

【概要】

リズミカルに読むと楽しい。英語の音とリズムを楽しんで！

【Amazon】

https://www.amazon.co.jp/dp/0679890483

【読み方参考】

https://www.youtube.com/watch?v=FStp1QhVMXs

book

『Papa, please get the moon for me』

Eric Carle（著 , イラスト）、Little Simon（出版／Brdbk 版）

【概要】

女の子がお父さんに、月を取ってきてほしいと頼みます。文字は小さいですが、絵に圧倒されます。

【Amazon】

https://www.amazon.co.jp/dp/1481431811

【読み方参考】

https://www.youtube.com/watch?v=vj3wtaarnJA

『Peanut Butter and Jelly：A Play Rhyme』

Nadine Bernard Westcott（著）、Puffin Books（出版／Reprint 版）

【概要】

欧米の子どもたちは、ピーナッツバターとジェリーが大好き。

book

【Amazon】

https://www.amazon.co.jp/dp/0140548521

【読み方参考】

https://www.youtube.com/watch?v=ZBqrg85nKT0

『MOUSE'S FIRST FALL』

Lauren Thompson（著）、Simon & Schuster Books for Young Readers（出版／ Illustrated 版）

【概要】

子ネズミの初めての秋。一緒に落ち葉で遊んでみよう。

book

【Amazon】

https://www.amazon.co.jp/dp/068985837X

【読み方参考】

https://www.youtube.com/watch?v=OUzqudBCAaU

book

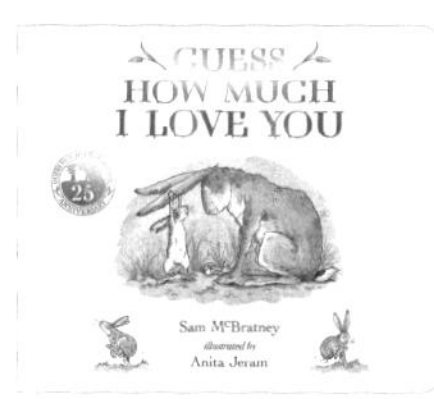

【Amazon】

https://www.amazon.co.jp/dp/1406391166

『GUESS HOW MUCH I LOVE YOU』

Sam McBratney（著）、Anita Jeram（イラスト）、Walker Books Ltd（出版）

【概要】

ウサギの親子が主人公。ベッドタイムストーリーに最適なお話。

【読み方参考】

https://www.youtube.com/watch?v=zGuIUytF_6U

book

【Amazon】

https://www.amazon.co.jp/dp/0763663484

『I'm the Best』

Lucy Cousins（著，イラスト）、Candlewick（出版／Reprint 版）

【概要】

自己肯定感を育てるとともに、他者への思いやりも学べる絵本です。

【読み方参考】

https://www.youtube.com/watch?v=OFH8oBXntng

手遊び・歌で取り入れる

4歳~6歳になれば、色々な動きがスムーズにできるようになります。指を自由に動かせるようになり、活舌もますますはっきりしてくるでしょうから、顔や身体を使う歌や手遊びを思いきり楽しみましょう。

動きと連動させて歌詞を覚えると楽しさが倍増しますし、グッと覚えやすく、また忘れにくくなります。それに、子どもの歌は韻を踏んでいるものも多くリズミカルです。繰り返しが多く覚えやすく作られています。ぜひ、たくさん覚えて歌ってみてください。

他の年齢のもの（P78~、P106~、P144~）も併せてやってみてください。

song

Mary Had a Little Lamb メリーハッダリトルラム

「メリーさんのヒツジ」と和訳されて歌われていますね。長いストーリーになっています。

Mary had a little lamb,	メリーさんは小さな子羊を飼っていた
Llittle lamb, little lamb,	小さな子羊、小さな子羊
Mary had a little lamb,	メリーさんは小さな子羊を飼っていた
Its fleece was white as snow.	その毛は、雪のように白かった
Everywhere that Mary went,	メリーさんが行くところ、
Mary went, Mary went,	メリーさんが行く、メリーさんが行く
Everywhere that Mary went,	メリーさんが行くところ、
The lamb was sure to go.	子羊は必ずついて来た

It followed her to school one day,	ある日、子羊は彼女の学校について来た
School one day, school one day,	ある日学校に、ある日学校に、
It followed her to school one day,	ある日、子羊は彼女の学校について来た
Which was against the rules.	学校のルールではダメだったけど。

It made the children laugh and play,	子どもたちは笑って騒ぎ出した
Laugh and play, laugh and play,	笑って騒ぎ出した、笑って騒ぎ出した
It made the children laugh and play,	子どもたちは笑って騒ぎ出した
To see a lamb at school.	学校についてきた子羊を見て

And so the teacher turned it out,	それで先生は子羊を追い出した
Turned it out, turned it out,	追い出した、追い出した
And so the teacher turned it out,	それで先生は子羊を追い出した
But still it lingered near.	でも子羊は近くにいて離れなかった

Why does the lamb love Mary so,	なぜ子羊はそんなにメリーさんが好きなの
Love Mary so, love Mary so,	そんなに好き、そんなに好き
Why does the lamb love Mary so,	なぜ子羊はそんなにメリーさんが好きなの
The eager children cried.	子どもたちは一生懸命尋ねた

Why Mary loves the lamb you know,	なぜってメリーさんが子羊が大好きだから
loves the lamb you know, loves the lamb you know,	メリーさんが子羊好きなの知ってるよね
Why Mary loves the lamb you know,	なぜってメリーさんが子羊が大好きだから
The teacher did rcply.	先生は答えました

【歌い方参考】

Mary Had a Little Lamb 🐑 Sing-along Nursery Rhyme Song 🐑 Kids Songs by The Learning Station

（チャンネル：TheLearningStation - Kids Songs and Nursery Rhymesn）

https://www.youtube.com/watch?v=uyvdG39-Gzk

The Wheels On The Bus ザウィールズオンザバス song

バスの中の風景を歌った歌です。バスに乗っている気分で歌いましょう。

The wheels on the bus go round and round, ※1	バスの車輪は回るよ
round and round, ※2	回るよ回るよ
round and round, ※2	
The wheels on the bus go round and round, ※1（最後のみ※3）	バスの車輪は回るよ
All through the town.	町の中ずっと

※に以下を順に入れて歌います。

※1 The people on the bus go up and down, ／※2 go up and down
（バスのお客は上に下に）

※1 The horn on the bus goes beep,beep,beep ／※2 beep,beep,beep
（バスのクラクションピーピーピー）

※1 The wipers on the bus go swish, swish, swish, ／※2 swish, swish, swish,
（バスのワイパーはシュシュシュ）

※1 The signals on the bus go blink, blink, blink, ／※2 blink, blink, blink,
（バスのライトはピカピカピカ）

※1 The motor on the bus goes zoom, zoom, zoom, ／※2 zoom, zoom, zoom,
（バスのモーターはズーズーズー）

※1 The baby on the bus go waa, waa, waa, ／※2 waa, waa, waa,
（客の赤ちゃんワーワーワー）

※1 The parents on the bus go shh, shh, shh, ／※2 shh, shh, shh,
（泣く子の親はシーシーシー）

※1 The mommy on the bus says I love you, ／※2 I love you ／※3 The daddy on the bus says I love you too（ママは言うよ大好きよ）（パパも言うよ大好きだよ）

【歌い方参考】

The Wheels On The Bus Go Round and Round • Nursery Rhymes Song with Lyrics • Animated Kids Song

（チャンネル：Kids' Songs, from BusSongs.com）
https://www.youtube.com/watch?v=ki_R_4FcFK0

song

Five Little Monkeys Jumping on the Bed ファイブリトリモンキージャンピングオンザベッド

面白い歌です。２歳～４歳で紹介しなかったのは、子どもが真似する恐れがあるからです（笑）

Five ※ little monkeys jumping on the **bed**	５匹の子ザルがベッドの上でジャンプ
One fell off and bumped his **head**	１匹落ちて頭を打った
Mama called the doctor and the doctor **said**	ママはお医者に電話、医者は言ったよ
No more monkeys jumping on the **bed**	もうベッドでジャンプしないで

※に Four ／ Three ／ Two ／ One を順に入れて歌います

【歌い方参考】

Five Little Monkeys Jumping on the Bed
- Nursery Popular Rhymes
- English Song For Kids - Music

（チャンネル：English Singsing）
https://www.youtube.com/watch?v=TDpg7aSpHW4

song

The Ants Go Marching ジアンツゴーマーチング

アリの行進を描いたマーチングソング。足をしっかり上げてマーチングしてみましょう。「hurrah（フラー）」は軍隊の掛け声です。

The ants go marching one by one ※1, hurrah, hurrah	アリたちが一列で行進しているよ
The ants go marching one by one ※1, hurrah, hurrah	アリたちが一列で行進しているよ
The ants go marching one by one, ※1	アリたちが一列で行進しているよ
The little one stops to suck his thumb ※2	子アリが指しゃぶりのために止まる
And they all go marching down to the ground.	他のみんなは土の中へ行進して行った

※に以下を順に入れて歌います。

※1 two by two ／※2 tie his shoe,（二列で／靴ひもを結ぶ）

※1 three by three ／※2 climb a tree（三列で／木に登る）

※1 four by four ／※2 shut the door（四列で／ドアを閉める）

※1 five by five ／※2 take a dive（五列で／水に飛び込む）

【歌い方参考】

The Ants Go Marching 🐜🐜 | Simple Songs for Kids | Lingokids

（チャンネル：Lingokids Songs and Playlearning）

https://www.youtube.com/watch?v=ZmPdXmFoq1I

song

A Tisket A Tasket アティスケットアタスケット

子どもの淡い恋心を歌ったような歌詞になっていますが、もともとはハンカチ落としゲームのための歌だったようです。そう言えば、ハンカチ落としは、自分の好きな人の後ろに落としたかもしれませんね。

A-tisket a-tasket	アティスケット、アタスケット
A green and yellow basket	緑と黄いろのバスケット
I wrote a letter to my love,	好きな人に手紙を書いたの
And on the way I dropped it.	そして、途中でそれを落としちゃった
I dropped it, I dropped it,	落としちゃった、落としちゃった
And on the way I dropped it.	途中でそれを落としちゃったら
A little boy he ※ picked it up,	小さな男の子が拾ったの
And put it in his pocket.	そして、それをポケットに入れちゃった

※に girl her を入れて歌います。

【歌い方参考】

A Tisket A Tasket with Lyrics| LIV Kids Nursery Rhymes and Songs | HD

（チャンネル：LIV Kids）

https://www.youtube.com/watch?v=YKodv0AuaBc

song

The Muffin Man ザマフィンマン

マフィン売りのおじさんやアイスクリーム売りのおじさんなど、子どもたちが大好きなおやつが登場する歌です。

Oh, do you know the muffin ※ man,	マフィン売りのおじさん知ってる？
The muffin ※ man, the muffin ※ man?	マフィン売り、マフィン売り
Do you know the muffin ※ man	マフィン売りのおじさん知ってる？
Who lives on Drury Lane?	ドゥルーリー通りに住んでるよ
Yes, I know the muffin ※ man,	マフィン売りのおじさん知ってるよ
The muffin ※ man, the muffin ※ man	マフィン売りのおじさん知ってるよ
Yes, I know the muffin ※ man,	マフィン売り、マフィン売り
Who lives on Drury Lane.	ドゥルーリー　通りに住んでるよ

※に ice cream（アイスクリーム売り）／ fruit stand（フルーツスタンド）を順に入れて歌います。

【遊び方参考】

The Muffin Man | Kids Songs | Super Simple Songs

（チャンネル：Super Simple Songs - Kids Songs）

https://www.youtube.com/watch?v=fXFg5QsTcLQ

play

If You're Happy イフユーアーハッピー

恐らく誰でも知っている歌で、原曲は日本の坂本九さん「幸せなら手をたたこう」です。

If you're happy and you know it,	しあわせなら
Clap your hands. ※	手をたたこう
If you're happy and you know it,	しあわせなら
Clap your hands. ※	手をたたこう
If you're happy and you know it,	しあわせなら
And you really want to show it,	本当に示したいなら
If you're happy and you know it,	しあわせなら
Clap your hands. ※	手をたたこう

※に以下を順に入れて歌います。Stamp your feet.（足ならそう）／ Turn around.（くるりとまわろう）／ Wiggle your hips.（お尻をふろう）／ Stretch your arms.（腕をのばそう）／ Pat your head.（頭を軽くパンパン）／ Touch your nose.（鼻さわろう）／ Point your toes.（つま先指して）／ Shout hello.（ハローと叫ぼう）

【遊び方参考】

If You're Happy and You Know It! | Barefoot Books Singalong

（チャンネル：Barefoot Books）

https://www.youtube.com/watch?v=71hqRT9U0wg

play

The Farmer In the Dell ザファーマーインザデル

大人数でも遊べる遊び歌です。「おおきなかぶ」のように登場人物がどんどん増えていきますので、子どもたちに役割を振り、歌詞にその登場人物が現れたら、登場人物になりきります。例えば「農夫は奥さんを連れてきた」とあれば、農夫役の子どもが奥さん役の子どもを連れてきます。
歌詞はチャンネルによって多少アレンジされていたりします。
theになっている場合は、特定の人や動物を指しています。

The farmer in the dell. The farmer in the dell.	小さな谷間の農夫
Heigh-ho, the derry-o, the farmer in the dell.	ハイホーザデリホー谷間の農夫

The farmer ※1 takes a wife ※2.	農夫は奥さんを連れてきた
The farmer ※1 takes a wife ※2.	農夫は奥さんを連れてきた
Heigh-ho, the derry-o, the farmer ※1 takes a wife ※2.	ハイホーザデリホー奥さんを連れてきた

※に以下を順に入れて歌います。
※1 wife（奥さん）／※2 kids（子どもたち）
※1 kids（子どもたち）／※2 cow（牛）
※1 cow（牛）／※2 pig（豚）
※1 pig（豚）／※2 dog（犬）
※1 dog（犬）／※2 cat（猫）
※1 cat（猫）／※2 mouse（ネズミ）
※1 mouse（ネズミ）／※2 cheese（チーズ）

The cheese stands alone.	チーズはポツンと立っている
The cheese stands alone.	チーズはポツンと立っている
Heigh-ho, the derry-o, the cheese stands alone.	ハイホーザデリホーチーズはポツンと立っている

【遊び方参考】

Farmer in The Dell | Nursery Rhymes | Kids Songs and Baby Rhymes from Dave and Ava

（チャンネル：Dave and Ava- Nursery Rhymes and Baby Songs）

https://www.youtube.com/watch?v=kc5I1Kb88yY

play

London Bridge ロンドンブリッジ

日本の「とおりゃんせ」のような遊びができる歌です。原曲は結構長いストーリーになっていますが、子どもたちが喜ぶのは、"My fair lady" で捕まるところです。1番を繰り返し歌って遊べます。

London Bridge is falling down,	ロンドン橋が落っこちた
Falling down, falling down.	落っこちた、落っこちた
London Bridge is falling down,	ロンドン橋が落っこちた
My fair lady.	私の愛しい人

Build it up with silver and gold,	金と銀で建て直そう
Silver and gold, silver and gold.	金と銀で、金と銀で
Build it up with silver and gold.	金と銀で建て直そう
My fair lady	私の愛しい人

【遊び方参考】

London Bridge Is Falling Down | Nursery Rhyme Game Time | Mother Goose Club Playhouse Kids Video

（チャンネル：Mother Goose Club Playhouse）

https://www.youtube.com/watch?v=v57XH7CiX6A

play

Hokey Pokey ホーキーポーキー

歌詞に合わせて踊れる楽しい遊び歌です。身体の部分や動きの英語が自然に学べます

You put your right foot ※ in,	右足入れて
You put your right foot ※ out,	右足出して
You put your right foot ※ in,	右足入れて
And you shake it all about,	それをブラブラさせて
You do the hokey pokey,	ホーキーポーキーするよ
And you turn yourself around	それからグルリと回って
That's what it's all about.	これでおしまい

※に順番を気にせず、head, hip, left foot, right hand, left hand, right side, left side, whole self などを追加してやってみてください。

【遊び方参考】

The Hokey Pokey + More | Mother Goose Club and Friends

（チャンネル：Mother Goose Club and Friends）

https://www.youtube.com/watch?v=MikNRoPCA_0

Little Peter Rabbit リトルピーターラビット

日本では「ごんべさんの赤ちゃん」として知られているメロディですが、原曲とまったく違った歌詞です。ear が nose になっているものもあります。手でウサギの耳や蠅の動きを表現しても楽しいです。

Little Peter Rabbit had a fly upon his ear.	小さなピーターラビットの耳にハエが止まった
Little Peter Rabbit had a fly upon his ear.	小さなピーターラビットの耳にハエが止まった
Little Peter Rabbit had a fly upon his ear.	小さなピーターラビットの耳にハエが止まった
And he flicked it till it flew away.	ハエをはじいて追い払った

【遊び方参考】

Singing Hands: Little Peter Rabbit - Makaton Sign Language

（チャンネル：SingingHandsUK）

https://www.youtube.com/watch?v=7iIRpmxkmGE

ゲームで取り入れる

ゲーム用のカードなどを手作りするとなると切ったり貼ったり色塗りやお絵描きなどといった作業が必要になります。英語力の習得のみならず、手先を使うことや創造性を高める訓練にもなりますので、時間が許すならぜひ取り入れてください。

この時期はできることも増え、負けん気も出てきて、兄弟姉妹や友達だけではなく、親にも勝ちたがったりします。親子でゲームを行う場合は、できるだけ子どもに勝たせるようにして、自信をつけさせましょう。

子どもが小さいうちは、問題をできるだけ簡単にしてください。年長さんくらいになって自信がついてきたら、難しい問題にチャレンジさせていってください。できない、わからない、負けたということが、モチベーションになるように仕向けてくださいね。

兄弟姉妹や友人とゲームをする場合は、負けん気を持つことは悪いことではありませんが、勝った時や負けた時の態度は今後の人間関係が良くなるかどうかのポイントになりますね。

勝つと確かに嬉しいけれど、正々堂々フェアに戦うことが一番大切だということ。そして、負けてもチャレンジし続けることが大切なのだとぜひ教えていきましょう。

game

「後ろの正面な〜に？」

カードや背中で隠れるくらいのものを準備します。

それぞれ相手に知られないようにカードやものを背中に持ちます。この時、後ろに回れば見える状態にしておきます。

そして、2人で向かい合って、動きながら相手のカードを盗み見て、それが何かを当てるゲームです。

相手に背中を見られないようにお互いに動き回らなければなりません。

このゲームの良い点は、思いきり身体を使うこと、そして決してお勉強とは思わないことです。

もちろん答えは英語で言わなければなりません。親子でするなら、ぜひ親はそれとなく負けて、子どもにどんどん答えさせましょう。

game
「MemoryGame 記憶ゲーム」

ランダムな数字カードやアルファベットや絵カードを5〜10枚くらい用意します。または小さなぬいぐるみとかおもちゃなどを5、6点用意します。

最初にそれらを見せて、その後、後ろを向かせたり目を閉じさせたりして、子どもが見えないようにして、1点隠します。

子どもに、何が消えたかを当てさせるゲームです。

難易度を上げるなら、最初に見せるものの数を増やしたり、似たようなものを並べて複雑にしていきましょう。

game

「Gesture Game ジェスチャー」

動作に関する表現を覚えたら、親子でジェスチャーも面白いです。

親御さんがしている動作を子どもが当てたり、子どもがしている動作をお母さんが当てたりして遊びます。

具体的な英語表現が必要なら『5歳からでも間に合う　お金をかけずにわが子をバイリンガルにする方法』（彩図社）参照

game
「Shopping Game 買い物ゲーム」

買い物ごっこです。おもちゃなどに、子どもがわかる数字の値札をつけます。日本円で大丈夫です。そして、親子で交代でお店屋さんやお客さんになって、買い物ごっこをします。

英語だけでなく、数字やお金のやり取りを学べます。年長さんくらいになれば、複数買って足し算や、おつりが必要な状況にして引き算を学ばせるなど難易度を上げていきましょう。

【参考表現】

May I help you?／Thank you very much.／How much is this?／How much are these?／It's 10 Yen.／They are 50 Yen.／Here's your change.／Can I have one, please.／I will take this one.／I need this one and that one.

アプリを利用する

アプリの選び方

英語アプリは、英語のアニメ、単語やセンテンスなどが学べるレッスン、読み書き、発音矯正、本のリーディングなど多岐にわたります。

ただ、アプリには相手と話して会話力をつけるというような効果はありませんので、あくまでもインプットのための英語環境つくりと考えましょう。

ここでは、無料のものをご紹介しておきます。

注意点

アプリは無料、または有料でも比較的安価で提供されているものが多いですが、スマホ料金に課金されるので、費用については見過ごしがちです。

最初は無料でも後で結構高額な費用が課金されるアプリもあるようです。

色々な機能が使えるとしても、実際それらの機能を使う時間的な余裕があるかどうかも考えましょう。

また、レベルに応じてステップアップすることを考えると、簡単にキャンセルできるかどうかも確かめておきましょう。

App Khan Academy Kids

英語圏の幼児のためのアプリ。内容がとても充実しています。私のスクールの先生も娘のために使っていました。

https://play.google.com/store/apps/details?id=org.khankids.android&hl=ja&gl=US

App ワオっち！ イングリッシュスクール！ キッズ英語を楽しく学ぼう！

指示は日本語ですので、とっつきやすいでしょう。初級レベルの挨拶や基本的なことがゲーム感覚で学べます。

https://play.google.com/store/apps/details?id=com.waocorp.waochienglishschool&hl=ja&gl=US

App 楽しい英語 Fun English

ゲーム感覚で発音なども学べます。対象は３歳から８歳です。

https://play.google.com/store/apps/details?id=com.pumkin.fun&hl=ja&gl=US

App サメのかぞく ABC フォニックス

フォニックスが学べるアニメが多数収録されています。ミニゲームで飽きさせない工夫がされています。

https://play.google.com/store/apps/details?id=kr.co.smartstudy.phonicsiap_android_googlemarket&hl=ja&gl=US

英語教材を利用する

教材の選び方

子どもが本格的に英語に興味をもち始めたら、教材を購入するのも良いでしょう。

教材は音声のみのCD教材や映像付きのDVD教材、最近はAIを利用したロボット教材などがあります。

まずは、その教材に、子どもが興味をもつかどうかをしっかり確かめましょう。

子ども自身の好みもはっきりしてきますから、他の子に効果があったものが、わが子にも合うとは限らないのです。

子どもが興味をもつものがある程度わかったら、そのキャラクターが使われているものや、それに雰囲気が近い教材などを探して資料請求してみましょう。そして、それを子どもと一緒に見てみて、子どもの意見も聞きましょう。

自分で選ばせたと思わせてください。子どもも教材が届くのを楽しみに待ち、喜んで取り組むでしょう。

注意点

高価な教材のまとめ買いは、親がプレッシャーを感じてしまい、子どもに強制してしまって、逆に英語嫌いにさせてしまうケースもあります。

もし教材をまとめて購入していたとしても、使わない間はぜひ隠しておいてください。子どもに、「次のレベルはまだないの？」と言わせるくらいの方が効果的です。

ワークブックを利用する

色塗りや文字を書くことに興味をもち出したら、ワークブックを利用してみましょう。

私のスクールの子どもでも、お絵描きは好きだけど、ワークブックを嫌がる子もいます。書くことに興味をもつ時期は個人差が大きいです。特に男の子は、ジッとしていることが苦手なので、書くことに興味をもち出すのは、女の子より遅いと思います。

ですので、決して無理強いしないで、本人がやりたがる時まで待ちましょう。

ワークブックの選び方

子どもの好きなキャラクターや絵のものなど、子どもが喜んで手に取るものを選びましょう。まだまだきれいには書けないので、最初は１００円ショップなどで売っているものや、ウェブサイトからプリントアウトできるもので練習しても構いません。

手首がしっかりしてきて、上手に書けるようになったら、少し分厚いものやシリーズで出されているものなどにチャレンジするといいでしょう。

小学生になったら

※年齢はあくまでも目安です。

小学校に行ったら、他の科目が出てきますし、やるべきことがいっぱい出てきます。時間的にもこれまでのように、英語に多くの時間は割けなくなるでしょう。しかし、継続は重要ですので、1日10分でも英語を耳にする機会を設けていくことが大切です。

中には小学生になったので、そろそろ英語を学ばせようと思うご家庭もあるでしょう。小学生になってから初めて英語を学ばせる場合は、聞き取りに必要な耳に関しては、ギリギリのタイミングですので、できれば英語を聞かせることから始めてほしいと思います。

小学生になって初めて英語を学ぶ場合

この本でご紹介している歌やナーサリーライムは、英語圏の子どもなら誰でも知っているもので、欧米文化を学ぶ時にも必ず出てきます。

私たちが幼児期に覚えた日本の童謡や歌を、いつまでも覚えているのと同じです。決して幼稚な乳幼児向きの歌で小学生には向かない、というわけではありません。

ご紹介しているアクションソングなどは、アメリカのティーンエイジャーも楽しんでいます。

日本でもようやく小学校で英語の授業が始まりましたが、最初の段階では、ナーサリーライムのような歌や英語のゲームがメインになります。

もし、小学校で英語の授業が始まった時、「初めて聞くのでまったく知らない」という状態と、「知ってる！　聞いたことある」とか「この歌、歌える」という状態では、英語の授業への取り組み方がきっと変わってくると思います。

英語の歌が歌える、みんなが知らない歌を知っている、そんなちょっとしたことが自信につながっていきます。**できる、わかるという自信が持てれば、英語が好きにな**

っていくでしょう。

本人が嫌がるなら、とりあえず親御さんが聞いて覚えて歌ってください。

読み書きから始めても大丈夫

小学生になると、自宅で英語に割ける時間はなかなかないかもしれませんが、英語が授業で出てくる時のための予習だと考えてください。

できれば聞くことや話すことからスタートできるといいですが、日本語でのコミュニケーションが完璧に取れるようになっているのに、何を言われているかわからない英語の動画を見るのは、本人にとっては苦痛かもしれません。

また、小学生くらいになると、もう本人の性格や特性もかなりハッキリしてきますし、自分の意見を主張するようにもなると思います。もし、本人が英語の You Tube などを見ることより、アルファベットを書くことや単語を書くことなどに興味をもつなら、もちろんそこから始めても構いません。書いているうちに、どう発音するのかきっと気になるはずです。

とりあえず英語学習をしている時はＢＧＭとして英語の歌やストーリー、アニメなどを流しておくといいでしょう。

また、日本語での説明がある教材などの方が取り組みやすいかもしれません。いずれにしても、まずは本人に英語に興味をもたせるようにしていきましょう。興味のもたせ方は、４歳～６歳の項目が参考になると思います。

強制的に勉強させて覚えさせるという方法ももちろんありますが、本人が興味をもたない限り、その成果は限定的になるでしょう。でも**もし本人が興味をもてば、その能力はぐんぐん伸びていきますし、親が何も言わなくても自分から学ぶようになります。**

私のスクールの卒園生たちも、親が何も言わなくても勝手に勉強して、英検などにチャレンジしていると聞きます。そうして、留学経験もないのに、英語のカリスマ教師になったり、カナダで仕事を見つけてカナダ人と結婚したり、外資系のＣＡになり海外に住んだりしていました。

継続が大事　短い時間でも毎日触れよう

幼児期から英語に触れさせてきたという家庭でも、普通に日本の小学校に通い始めると、英語に割ける時間は、残念ながら圧倒的に少なくなるでしょう。子どもが学ばなければならないことは山ほど出てきます。

特に小学校に行き始めた頃は、新しい環境に馴染むのに精一杯だと思います。でも、**たとえ10分でもYou Tubeや教材などで、英語を聞く環境を維持してください**。食後や寝る前の時間などリラックスしている時がベストです。

私のスクールの卒園生たちも、ほとんどがインターナショナルスクールではなく、普通に日本の学校に進学しています。そして、他の科目もしっかり勉強しながら、無理せず英語学習を継続させて、希望の学科に進むための大学入試で、英語に助けられたと何人もから聞きました。

また、難関の公立高校国際科に合格したとか、英検の聞き取りテストはいつも満点という話もよく聞きます。やはり継続は力です。

忘れたと思っても、英語環境に入れば取り戻せる

幼児期にしっかりインプットできていれば、耳の訓練はできていますし、口の動きなど身体で覚えたことは忘れません。本人は忘れたと思っていても、その環境に入るとすぐに取り戻せます。

そこが、幼児期にまったく英語学習経験のない子と、経験のある子の差になってきます。**初めて聞く子には聞き取れない英語が、聞き取れるはずです。それが、「自分は英語ができる」という自信につながっていきます**。

私のスクールの卒園生たちに共通していることが、まさしく「自分は英語ができる」という自信です。英語が好きで、さらにできるという自信を得るのですから、鬼に金棒です。

一時的に忘れたと思っても、また長時間英語に触れていた時のような反応ができなくても心配いりません。英語が必要な環境に入れば、自分でも驚くくらいスラスラと英語が出てきます。焦らず、見守っていきましょう。

接し方・ほめ方のアドバイス

苦手意識を抱かせないことが大事

小学生から初めて英語学習を始めると言う場合は、子どもの性格によって内容を決めていきましょう。

小学生になると、必ずしも歌やアニメに興味をもつとは限りません。自分はもう幼稚園児ではないという自覚が出てきますので、例えば書くことや読むことなどお勉強的な取り組みを好む場合もあると思います。

そういう時は、子どもが興味をもったものから始めてください。

最初は簡単にできるものからさせていきましょう。簡単だと思わせた方が、レベルアップさせやすいです。

幼児期に英語学習をしていた子は、より高いレベルを目指して行きましょう。

ただし、「自分は英語ができる」という自信を潰してしまわないように気をつけてください。途中でつっかえてしまって嫌になっては元も子もありません。

どちらにしても、苦手意識を持たせないことが大切です。

〈POINT〉

○小学生から始めるならまずたくさん聞かせることがベストだが、本人が興味をもつことから始めてもOK
○幼児期に英語を好きにさせ、しっかりインプットできていれば、それが自信につながる
○一時的に忘れたと思っても、英語環境に入ればすぐに取り戻せる
○苦手意識を持たせないことが大切
○簡単と思わせて、自分は英語ができるという自信をつけさせた方が良い

小学校低学年の英語環境づくり

You Tube で取り入れる

英語初学者であれば、先にご紹介している3歳～4歳（P132～）や4歳～6歳（P172～）を参考に、歌やアニメに触れてください。小学生でも楽しめるものばかりです。

この本でご紹介しているYou Tubeは、英語の音に慣れてもらうために、英語がネイティブの国で制作されたものを選んでいます。

ただ、英語学習の場合は、非英語圏の人の方が、学習者が何に引っかかるかがよくわかる場合もあります。学習せずとも自然に英語が身についたネイティブには、問題点が把握しにくいこともあるのです。ですから、英語の音に慣れて、本格的に英語を学びたいという場合は、日本やその他非英語圏の国で制作されたものであっても大丈夫です。

幼児期から英語に触れて、ある程度英語力を身につけた子たちは、引き続き毎日少しの時間でも英語を聞く時間をつくってください。また、新しいことや読むことにもチャレンジしていきましょう。

song

https://www.youtube.com/watch?v=ICeQvTIvKzw

Shapes, Colors, Counting Songs and more! | Kids Song Compilation | The Singing Walrus

（チャンネル：The Singing Walrus - English Songs For Kids）

【概要】

<歌>かわいいアニメですが、結構レベルの高い内容が学べます。

song

https://www.youtube.com/watch?v=388Q44ReOWE

Brain Breaks - Action Songs for Children - Move and Freeze - Kids Songs by The Learning Station

（チャンネル：TheLearningStation - Kids Songs and Nursery Rhymes）

【概要】

<歌＆アクション>色々な動きが楽しめる動画。いい運動になります。

song

https://www.youtube.com/watch?v=ALrdpsWYoJs

Wake Up - Fresh Start Fitness | GoNoodle

（チャンネル：GoNoodle | Get Moving）

【概要】

エキササイズ動画です。英語を勉強させられているとは思いません。ぜひお父さんやお母さんも一緒に家族で楽しんでください。

story

https://www.youtube.com/watch?v=wfATiSQ3Jew

The Snail Finds Help For The Whale! | Gruffalo World: Snail & The Whale

（チャンネル：Gruffalo World）

【概要】

会話は少ないですが、映像のレベルが高くて引き込まれます。（イギリス英語）

story

https://www.youtube.com/watch?v=jwZZI88n6OM

The Wild Swans- Fairy tale - English Stories (Reading Books)

(チャンネル：English Singsing)

【概要】

最初は聞き、次にリピートでき、最後は自分で読めるようになっています。子どもが自分で読めるように導きましょう。

lesson

https://www.youtube.com/watch?v=7isSwerYaQc

School Conversation, School Dialogue

(チャンネル：Easy English)

【概要】

身近な学校での会話が学べます。中高生でも学べるレベルです。

lesson

https://www.youtube.com/watch?v=ffeZXPtTGC4

Phonics Song 2

（チャンネル：KidsTV123）

【概要】

フォニックスが学べるシンプルな歌です。覚えやすいメロディで初学者向きです。

lesson

https://www.youtube.com/watch?v=M1S9y-xO7eQ

Everybody's Reading Now - CVC Phonics Song

（チャンネル：KidsTV123）

【概要】

フォニックスがどういうものか、覚えた音をどうつなぐのかがよくわかります。読むことに興味をもちだしたら見せてみましょう。

lesson

https://www.youtube.com/watch?v=qD1pnquN_DM

Kids vocabulary - My Day - Daily Routine - Learn English for kids- English educational video

（チャンネル：English Singsing）

【概要】

朝から晩までの基本的な生活英語が学べます。覚えたら使ってみましょう。

lesson

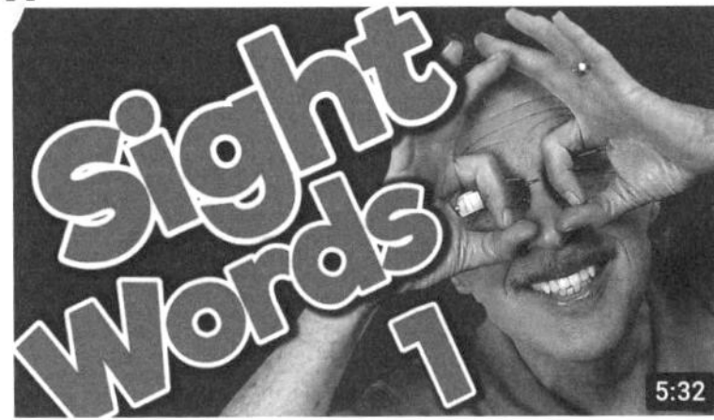

https://www.youtube.com/watch?v=gIZjrcG9pW0&t=78s

New Sight Words 1 | Sight Words Kindergarten | High Frequency Words | Jump Out Words| Jack Hartmann

（チャンネル：Jack Hartmann Kids Music Channe）

【概要】

英語圏の子たちは、日常頻繁に使う単語をサイトワードとして覚えます。リズムに乗せて楽しく覚えられます。

絵本で取り入れる

2歳～3歳（P100～）や3歳～4歳（P138～）や4歳～6歳（P178～）で紹介した絵本も、幼稚すぎるというわけではありません。英語学習をするうえでは、先に紹介した絵本はきっと役に立つと思います。

また、小学生になったら、ぜひ子どもに自分で読ませてみてください。文字の少ない簡単な絵本から始めましょう。自分で読むとまた新たな発見があるかもしれません。

今はネットで、色々な絵本が音読されていますので、それらを利用すると、英語のリスニングの訓練にもなりますので、活用していきましょう。

book

『CAPS FOR SALE』

Esphyr Slobodkina（著，イラスト）、
HarperCollins（出版／Reissue 版）

【概要】

帽子売りの男の少し長い話。設定が面白いので状況を想像しながら楽しめるでしょう。

【Amazon】

https://www.amazon.co.jp/dp/0064431436

【読み方参考】

https://www.youtube.com/watch?v=kDGATYdkwSQ

book

多読

多読用にシリーズで出版されている絵本があります。

４歳～６歳のところでご紹介した"Magic Tree House Series"と"Half-Pint Readers"に加えて、"Oxford Reading Tree"もお勧めです。

どれもAmazonや楽天ブックスなどでも購入することが出来ます。

もうご紹介できない、既に絶版となっている初心者向けシリーズ本などもあります。それらは、オークションサイトなどで「幼児向け多読用絵本」などと検索してみると、手ごろな値段で手に入るかもしれません。内容や質に大きな違いがあるわけではないので、安心して利用してください。

また、「Storyline Online」ストーリーライン・オンラインというサイトがあります。このサイトは、SAG-AFTRA財団の資金援助によって設立された非営利団体で、世界中の子どもたちが利用しています。

このサイトでは多くの絵本や児童書を、なんと有名な俳優さんたちが朗読してくれているのです。ケビン・コスナーのような日本人にもよく知られた俳優さんたちもいます。

小学生になれば、たくさんの本の中から、自分が聞きたい本を選択させるといいでしょう。

かわいい本の表紙に興味を引かれるかもしれませんし、読み手である俳優さんに興味を引かれるかもしれません。どちらにしても、英語の本に触れる良い機会ですので、大いに利用してください。24時間いつでも利用可能です。

Storyline Online - Home https://storylineonline.net/

手遊び・歌で取り入れる

普段取り組める時間はないかもしれませんが、休みの日などにはぜひ一緒に英語の手遊びを楽しんでください。

４歳～６歳の項目（Ｐ１８４～）でご紹介している歌や手遊びは、ネイティブの小学生でも歌っているものです。

また、歌やアクションを紹介している"The Learning Station"というYou Tubeのチャンネルはティーンエイジャーも対象にしていますし、ティーンエイジャーがアクションしています。

内容的に幼稚というわけではありませんので、ぜひ楽しんでください。

ゲームで取り入れる

４歳～６歳でご紹介したゲーム（Ｐ１９７～）もぜひ家族で楽しんでください。

英語の単語カードや文字カードを自分たちで作ってみましょう。絵を描く時はそれが何であるか、何色を使っているかなどを声に出しながら描いていきましょう。また、単語カードなどは、１つ１つの文字を声に出し、書き終わったらそれを声に出して読んでみましょう。

お父さんお母さんも一緒に楽しみながら、促してください。ゲームで使うカードなども、ぜひ自分たちで作ってみてください。それも立派な英語学習になります。

game

「Guessing Game　推理ゲーム」

２つまたは３つのものやカードを並べます。その中から、１つを頭の中で選び、それについてヒントを与えます。

例えば、ウサギと亀の絵を２枚並べて、“It has long ears.” とか “It can jump.” と言ったヒントを与えて、どちらかを答えさせます。覚えた単語をヒントとして使えるようなものやカードでやりましょう。

難易度を上げるなら、ものやカードは並べず、果物とか野菜とか、これから出すヒントのジャンルだけ伝えておきます。２つとか３つから選ぶより難しくなります。例えばリンゴ apple なら、” It's red or green.”「それは赤か緑」、“It's round.”「それは丸い」、“We ate it yesterday.”「私たちは昨日食べました」。年齢に合わせて難易度を上げていきましょう。

具体的な英語表現が必要なら『５歳からでも間に合う　お金をかけずにわが子をバイリンガルにする方法』（彩図社）参照

英語教材を利用する

教材に関して、基本的なことは4歳〜6歳の項（P204）を参照してください。学校生活に慣れてきたら、自分でスケジュールを組んでやらせるようにしていきましょう。

教材に関しては、子どものレベルに合ったものを与え、少しずつステップアップしていけるように、自分でステップアップしていると感じられるように与えていきましょう。

英語を聞いて、頭で日本語に訳すことなく理解できるのが理想ですので、できるだけ翻訳に頼らないで理解できるもの、例えば映像でそれが何か、何をしているかわかるというような教材の方がいいと思います。

アプリを利用する

アプリも、3歳〜4歳（P159）や4歳〜6歳（P203）でご紹介していますので、そちらをご参照ください。小学生で、英語を初めて学ぶなら、3歳〜4歳でご紹介したものを、経験があっても初心者レベルなら、4歳〜6歳でご紹介したものから始めましょう。

難しいと思わせてしまうと逆効果。簡単と思わせて、どんどんチャレンジさせていくようにしましょう。とりあえず無料のもので試して、本人が興味をもちやる気になれば、有料のレベルの高いものにチャレンジしていくといいと思います。

新しいアプリを探す場合は、最初は無料

のお試しがあるものの、その後高額な課金がされるものもあります。スマホ料金に課金されるので、気づきにくいかもしれません。よく確かめておきましょう。また、キャンセルや停止する場合の注意点などもよく見ておきましょう。

ワークブックを利用する

ワークブックの選び方

小学生になれば、ひらがな、カタカナ、漢字と日々書くことに追われるようになります。ですから小学生になって初めて英語を学び始めたという場合は、あまり無理強いしないで、本人がやりたがる時まで待ちましょう。早くアルファベットが書けたところで、すぐに役立つわけではありません。

ただし、書くことに興味をもっている子は、書くことからスタートしても構いません。英語を書いているうちに読みたくなったり、発音してみたくなるというケースもあるでしょう。小学生で初めて学ぶなら、興味をもったことから始めてください。

幼児期にある程度の英語力を身につけた子は、これから、どんどんワークブックにもチャレンジしていきましょう。

読めるならアメリカのワークブックがお勧めです。指示もすべて英語になります。読み書きの英語力維持になります。

Column 英語教育のユニークな活動②

ＮＰＯマナビバ　えいご村キャンプ

【対象年齢】小学高学年～

【概要】『えいご村』は年齢の大きな子と小さな子とが一緒にゲームをしたり食事をしたり共同作業をしたりする中で自然と助け合いながら、英語並びに身振り手振りのような非言語活動も交えてコミュニケーションをとることを基本としています。
アクティビティでは英語を聞き取れる「英語耳」と、通じる英語を話せる「英語口」を作ること、英語ならではの表現を学ぶこと、why-because を使ってロジカルな思考法を身につけることを行います。日本人とネイティブスピーカーが講師やリーダーを務めます。
また、夏休みに２泊３日で、宿泊できる研修施設などで行っています。

NPO　KIV こども国際村
KIDS INTERNATIONAL VILLAGE

【対象年齢】３歳～ 12 歳

【概要】子どもたちと地域の外国人が公園に集まり気軽に交流できる「こども英語村」プログラムと、平日に家からでも海外の方とオンラインでの交流が行なえる「AaasoBo!（アーソボ）オンラインこども英会話」プログラムがあります。これら２つの事業を軸に、海外の方と子どもたちがつながるためのコミュニケーションの機会創出に取り組んでいる団体です。

Step3
異文化行事で英語に触れる

楽しいイベント

英語に興味をもたせる方法には、色々なアプローチがありますが、日本でもメジャーになっている行事もぜひ上手に利用しましょう。古くから知られているクリスマスや、最近盛んになっているハロウィンなどがいいチャンスです。

それらの行事が日本のものではなく、海外のものであることなどを紹介しながら、異文化に興味をいだかせましょう。

そうして違う文化や習慣の国では、日本語とは違う言葉が話されているということや、日本語では世界の人たちと交流することが難しいのだということを、さりげなく話していきましょう。

ここでは以下の４つの行事を紹介します。

●イースター　その年の春分の日の後の、最初の満月の次の日曜日↓P230
キリスト教では、イエス・キリストは死後3日目に復活すると予言され、実際、死の3日後に復活したとされています。この復活を祝うお祭りがイースターです。

●ハロウィン　10月31日↓P236
ケルト人にとってのお盆のようなものです。仮装でおなじみですね。

●サンクスギビングデー　アメリカ：11月の第4木曜日（カナダ：10月の第2月曜日）↓P246
収穫に感謝するお祭り。友人同士や家族で集まり、七面鳥の丸焼きを食べます。

●クリスマス　12月25日↓P248
キリストの誕生を祝う日。家族で静かに過ごします。

春のお祭りイースター Easter

その年の春分の日の後の、最初の満月の次の日曜日

イースターとその象徴

イースターはキリストの復活を祝うお祭り、すなわち死から生への復活を祝います。

そこで、イースターの象徴は、何もないようなところから命が生まれるとして「卵」と多産の「ウサギ」となっています。Easter Egg イースターエッグや Easter Bunny イースターバニーと呼ばれます。

イースターエッグは、ゆで卵にきれいな色を付けたり、模様を描いたりしたとてもカラフルできれいな卵です。卵用の染料が売られています。

カラフルなイースターエッグはバスケットに入れて飾ります。これを Easter Basket イースターバスケットと呼びます。

ちなみに、bunny バニーはウサギの愛称で、「うさちゃん」みたいな感じです。ウサギにはよく知られる rabbit 以外に hare という言い方もあります。rabbit は家ウサギ、hare は野ウサギです。

play

「イースターエッグ作り 」

イースターエッグを作ってみましょう。

ゆで卵や中身を出した卵の殻を使いますが、そうすると後で卵を嫌になるほど食べないといけなくなるので、私のスクールではプラスティックや発泡スチロールの卵を使います。

親子で、食紅を使ったり、マジックや絵具やクレヨンなどを使ってカラフルな卵を作ってみましょう。

【参考】

こうやってイースターエッグを簡単に
クリエイティブに染める。コツと裏ワザ！

（チャンネル：ちえとく）

https://www.youtube.com/watch?v=cnqx3GpaqSM

かなり本格的な作り方になりますが、見ているだけでもとても楽しく面白い動画です。

play

「イースターエッグハンティング」

作ったイースターエッグを、家の中や庭などに隠して、見つけ出すというゲームをします。

親御さんが隠して子どもに見つけさせたり、子どもに隠させて親御さんが見つけるのもいいですね。

適当にギブアップしてあげると、子どもは鼻高々でしょう。

play
「イースターエッグスプーンレース」

ある程度人数がいれば、スプーンレースも楽しいです。

卵が載るような大きめのスプーンに、イースターエッグを載せて走るだけです。卵を落とさないように走ってゴールにたどり着きます。プラスティックや発泡スチロールの軽い卵は落ちやすくて、ゆで卵より面白いです。

song

Hot Cross Buns ホットクロスバンズ

Hot cross buns には「せっせっせ」のような手遊びがあります。ぜひ覚えて楽しんでください

Hot cross buns, Hot cross buns,	ホットクロスバンズ、ホットクロスバンズ
One a penny, two a penny,	1個1ペニー、2個でも1ペニー
Hot cross buns,	ホットクロスバンズ
If you have no daughters,	もし娘がいないなら
Give them to your sons,	息子たちにあげとくれ
One a penny, two a penny,	1個1ペニー、2個でも1ペニー
Hot cross buns,	ホットクロスバンズ

【歌い方参考】

イースターの英語手遊び
Hot Cross Buns

（チャンネル：Sumi In Wonderland）
https://www.youtube.com/watch?v=NNwP4JYh6Bs

book

【Amazon】

https://www.amazon.co.jp/dp/168119838X

『We're Going on an EGG HUNT』

Bloomsbury Publishing PLC（著）、Laura Hughes（イラスト）、Bloomsbury Childrens Books（出版／ Brdbk 版）

【概要】

イースターエッグハンティングをする様子を描いた仕掛け絵本です。

【読み方参考】

https://www.youtube.com/watch?v=YQYJkpLp6xY

book

【Amazon】

https://www.amazon.co.jp/dp/153240929X

『Happy Easter , Little Hoo!』

Brenda Ponnay（著）、Xist Pub（出版）

【概要】

フクロウが主人公のハッキリした色合いのかわいい絵本です。

【読み方参考】

https://www.youtube.com/watch?v=WgP9pca6HVE

仮装を楽しむハロウィン Halloween

10月31日

ハロウィンと象徴

ハロウィンは、もともとはケルト人のお祭りで、10月31日は古代ケルトの1年の終わりの日でした。10月31日の夜に秋が終わり、冬が訪れ、同時に亡くなった家族の霊がよみがえって訪ねてくる、その際に、悪霊や魔女や色々なお化けも蘇ってきて悪さをすると恐れられていました。

そこで、悪い霊が家の中に入ってこないように、魔よけとして目や鼻や口を色々な形にくりぬいたかぼちゃの提灯（ジャック・オ・ランタン Jack-o'-lantern）に、ろうそくを立てて玄関に置きました。

また、外に出る時には自分の身を守るために、自分も悪い霊だと思わせるように仮装したとされています。ですから、仮装は魔女や骸骨やフランケンシュタインやオオカミなど、怖いものが中心でした。

今では、ハロウィンは仮装を楽しみ、子どもたちにとってはお菓子をもらえる楽しいお祭りになっています。

play

「ジャック・オ・ランタン作り」

アメリカのかぼちゃは中が空洞で、日本のスイカのように簡単にくりぬけます。ジャック・オ・ランタン作りのための色々な顔の型紙を売っています。ですが、日本のかぼちゃは硬いので、実際のかぼちゃを使うのは難しいと思います。

ジャック・オ・ランタンの絵の色塗りをしたり、オレンジの色の柔らかい紙に目や鼻や口の絵を描いて、くしゃくしゃと丸めた新聞紙に巻いたり、オレンジ色のプラ袋に顔を描いて、中に新聞紙などをつめて作ってみましょう。

play

「“Trick or treat?” でお菓子をもらおう」

“Trick or treat?” は「お菓子をくれなきゃイタズラするよ」という意味。家庭内のドアを利用して、子どもにドアをノックさせて、“Trick or treat?” を言わせてみましょう。

そしたら、キャンディや小さなお菓子をあげてください。その時、かわいいバスケットを持たせるといいですよ。何回か繰り返すと、バスケットにお菓子がたまって、子どもはきっと喜ぶでしょう。

play

「ハロウィンのお化け作り」

トイレットペーパーの芯に、緑の折り紙を巻いて顔を描けばフランケンシュタインに、黒の折り紙なら黒猫、オレンジの折り紙ならジャック・オ・ランタン、白い紙ならミイラを作れます。

厚紙にガイコツの絵を描いて切り取ります。バラバラにした骨を割ピンで留めれば、動くガイコツの出来上がりです。

黒のゴミ袋に首と腕が通る穴をあけてかぶれば、魔女やバンパイアの衣装が出来上がります。

色々なお化けの絵を描いて、色塗りして、切り取ってお部屋に飾るだけでも雰囲気が出ます。

game

「マミー作り」

マミーmummyとはミイラのこと。トイレットペーパーを巻き付けてミイラ作りをします。

何人かで出来上がるまでの時間や出来栄えを競うと楽しいです。

game

「Apple Bobbing　アップルボビング」

アメリカではハロウィンの定番の遊びです。大きなたらい（小さく浅めのビニールプールでも可）に水をはって、そこにリンゴを浮かべます。そのリンゴを手を使わずに口でかじって取り出すというゲームです。

なかなか難しいですが楽しいゲームです。子どもには小さめのリンゴがお勧めです。

game

「マッチングゲーム」

ハロウィンの登場人物の絵を描いたカードを２枚ずつ作って、神経衰弱の要領で遊びます。

カードは以下のようなものがハロウィンらしいでしょう。
Jack-o'-lantern（ジャック・オ・ランタン）、Witch（魔女）、Mummy（ミイラ）、Ghost（お化け）、Vampire（吸血鬼）、Black Cat（黒猫）、Werewolf（狼男）、Frankenstein（フランケンシュタイン）、Skeleton（ガイコツ）、Bat（コウモリ）、Headless Man（首無し男）、Monster（怪物）、Pirate（海賊）、Spider（クモ）、Goblin（ゴブリン精霊）、Pumpkin（かぼちゃ）

game

「ハロウィンビンゴ」

ハロウィンのキャラクターを描いたビンゴカードを作ります。

3×3計9マスくらいのカードで大丈夫です。家族なら3～4枚作っておきます。

あとは、通常のビンゴのやり方と同じ。全キャラクターを描いたコールカードを作っておいて、読み上げていきます。

あと、カードの上に置いていくチップ（おはじきとか色の厚紙を小さく切ったものなど）を用意してください。

song

https://www.youtube.com/watch?v=du06K8aSK1s

Halloween Rules - Kids Halloween Song

（チャンネル：Bounce Patrol - Kids Songs）

【概要】

ハロウィンには何になりたい？　という問いかけとともに、沢山のハロウィンの登場人物を紹介してくれる曲です。

song

https://www.youtube.com/watch?v=GpO8_FMWcHA

Halloween Song for Kids| Halloween Creatures　| The Singing Walrus

（チャンネル：The Singing Walrus - English Songs For Kids）

【概要】

小さな魔女、吸血鬼、狼男などが楽しそうにダンスをします。彼らはなんと言っているでしょうか？

book

『IT'S PUMPKIN DAY, MOUSE!』

Laura Numeroff（著）、Felicia Bond（イラスト）、
Balzer + Bray（出版／ Brdbk 版）

【概要】

色々な表情のパンプキンで、感情を表す英語が学べるシンプルな絵本です。

【Amazon】

https://www.amazon.co.jp/dp/069401429X

【読み方参考】

https://www.youtube.com/watch?v=IKUyL6fbEgY

book

『Room on the Broom』

Julia Donaldson（著）、Axel Scheffler（イラスト）、
Puffin Books（出版／ Reprint 版）

【概要】

文字が多く長いストーリーですが、魔女の表情が面白いです。

【Amazon】

https://www.amazon.co.jp/dp/0142501123

【読み方参考】

https://www.youtube.com/watch?v=PHxGe44wSCI

実りに感謝サンクスギビング Thanksgiving

アメリカでは11月の第4木曜日
（カナダでは10月の第2月曜日）

サンクスギビング

Thanksgiving はその名の通り、与えられたものに感謝する日、感謝祭と訳されます。日本でも秋は「実りの秋」「食欲の秋」と言われるように、農作物が育ち収穫できる時期ですね。

日本の秋祭りも収穫に感謝する意味がありますが、サンクスギビングも同じです。

アメリカでは、感謝祭は祝日になっていて、家族や親戚や友人が集まる大切な日とされています。

大規模なパーティーなども開催して、秋の実りを楽しみます。

サンクスギビングの定番料理は七面鳥（turkey）です。日本ではなじみがないですが、七面鳥に詰め物をして丸焼きにします。

その家の家長が切り分けるという習慣もあるようです。

book

『Thanksgiving Day』

Gail Gibbons（著）、Live Oak Media（出版／Pap/Cas 版）

【概要】

カラフルな色彩の、サンクスギビングの歴史がよくわかる絵本。少し長いです。

【Amazon】

https://www.amazon.co.jp/dp/0941078612

【読み方参考】

https://www.youtube.com/watch?v=6UyTzbT3ark

book

『The Night Before Thanksgiving』

Natasha Wing（著）、Tammie Lyon（イラスト）、Grosset & Dunlap（出版／Illustrated 版）

【概要】

サンクスギビングデーをどんな風に過ごすかがよくわかる絵本。

【Amazon】

https://www.amazon.co.jp//dp/0448425297

【読み方参考】

https://www.youtube.com/watch?v=-YlEGjPzxVY

本当は静かに過ごすクリスマス　Christmas

12月25日

クリスマスとは

クリスマスはキリスト教のお祭りですが、実はキリストの誕生日ではなく、誕生を祝う日とされています。

キリストが生まれた日については諸説あって、実際のところはわかっていないのです。ですから、クリスマスはキリストの誕生を記念する日という位置づけです。

クリスマスは、日本ではパーティーをしたり賑やかに過ごすことが多いのですが、欧米では、ちょうど日本のお正月のように、家族で静かに過ごします。

クリスマスには、木の枝の形をしたケーキやフルーツたっぷりのフルーツケーキを焼いたりします。フルーツケーキは日持ちがするので、私のスクールの外国人講師たちにも、国の親御さんから、フルーツケーキが届いたりしていました。

日本のお正月のおせち料理のように、それぞれ家庭の定番料理やレシピがあるようです。

クリスマスの象徴

クリスマスと言えば、サンタクロースとクリスマスツリーやクリスマスリースでしょうか。

クリスマスのテーマカラーは、赤、緑、そして金です。赤は、十字架に磔（はりつけ）にされて流れたイエスの血を象徴し、緑は冬でも枯れない常緑樹から永遠の命を象徴しています。

クリスマスツリーには、Bell ベル、Candle キャンドル、Candy cane キャンディケイン（赤と白の縞模様のステッキ）、stocking ストッキング（長靴下）、Angel エンジェルなどのオーナメントを飾り、ツリーの下に Christmas Presents クリスマスプレゼントを置きます。

クリスマスには Christmas Carol クリスマスキャロルと言われる歌や讃美歌を歌います。日本でもよく知られているのは、Silent Night きよしこの夜や White Christmas ホワイトクリスマス、Rudolph The Red Nosed Reindeer 赤鼻のトナカイなどですね。

また、サンタクロースは、キリスト教の司教で、貧しい人々に贈り物をすることで有名だった聖ニコラス Saint Nicholas がモデルのキャラクターです。サンタクロースの姿は、１８００年代の詩に描かれ、その後漫画家が描いた絵、さらには商業広告や映画などから、今のイメージが出来上がりました。

クリスマスの遊び

欧米ではクリスマスは家族と静かに過ごしますが、クリスマスには家の中だけではなく、外周も電飾で豪華に飾り付けたりします。雪の降る地方では、とても美しく幻想的な風景になります。

日本では、お友達などとクリスマスパーティーをしますね。

私のスクールでも、クリスマスパーティーは大きなイベントです。子どもたちと、ここで紹介しているようなゲームをして楽しく過ごします。大人数の方が盛り上がることもありますが、家庭でも十分楽しめると思います。

play

「風船とばし」

部屋の真ん中にクリスマスツリーを置いて、膨らませた風船を飛ばします。

膨らました風船の口を指で押さえておいて、「1，2，3！」で離します。そうすると、風船は空気が抜け、クルクルと面白い動きをしながら、床に落ちます。

何人かでする場合は、一番ツリーの近くに落ちた子が勝ちというゲームです。ターゲットはツリーでなくても何でも構いませんし、別に競争しなくても、飛ばすだけで十分楽しめます。

play

「パス・ザ・パーセル」

パーセルとは小包のこと。小包を回すというゲームです。子どもがたくさんいれば、丸く座って楽しく遊べます。

あらかじめ小包を作っておきます。小さなプレゼントを用意して、それを新聞紙などで何重にも包んでいきます。一番上だけ、きれいな包装紙で包んでプレゼントらしくしましょう。

その包みを、音楽に合わせて隣の子に回していきます。音楽が止まった時に持っている子が、包みを１枚開ける権利があります。

私は、包みの途中に、「英語で10まで数えましょう」とか「英語の歌を歌って」などというメッセージカードを入れたりしていました。

最後に本命のプレゼントが出てくるまで、ちょっとハラハラドキドキのゲームです。

play

「ミュージカルスタテュー」

既にご紹介したものですが、クリスマスにもぴったりの遊びです。クリスマスソングを流し、音楽が流れている間はダンスしたり動いたりします。

音楽が止まれば固まって動いてはいけないという遊びです。

人数が多ければペアになってやるのも面白いです。

例えば、新聞紙を広げ、音楽が止まったらその上に２人で乗らなければならない。そして、その新聞紙をだんだん小さく折っていって、はみ出したらアウトという風にしても楽しいです。

song

The Twelve Days of Christmas ザテュエルブデイズオブクリスマス

どんどん繰り返しが増えていく楽しい歌です。

On the first day of Christmas,	クリスマスの１日目
my true love sent to me	愛する人が私に贈ってくれました
A partridge in a pear tree.	ナシの木にいるヤマウズラ
On the second day of Crhistmas,	クリスマスの２日目
my true love sent to me	愛する人が私に贈ってくれました
Two turtle doves	２羽のキジバト
and a partridge in a pear tree.	そして、ナシの木にいるヤマウズラ
On the third ※1 day of Crhistmas,	クリスマスの３日目
my true love sent to me ※2	愛する人が私に贈ってくれました
Three French hens,	３羽のフランスメンドリ
Two turtle doves	２羽のキジバト
and a partridge in a pear tree.	そして、ナシの木にいるヤマウズラ

※１は入れ替えて、※２はどんどん追加しながら歌います。

※１ fourth（４日目）／ fifth（５日目）／ sixth（６日目）／ seventh（７日目）／ eighth（８日目）／ ninth（９日目）／ tenth（10 日目）／ eleventh（11 日目）／ twelfth（12 日目）

※２ four calling birds（４羽の鳴いてる鳥）
five golden rings（５つの金の指輪）
six geese a-laying（産卵中のガチョウ６羽）
seven swans a-swimming（７羽の泳いでいる白鳥）
eight maids a-milking（８人の搾乳中のメイド）
nine ladies dancing（９人の踊っている女性）
ten lords a-leaping（10 人の飛び跳ねている領主）
eleven pipers piping（11 人の笛吹）
twelve drummers drumming（12 人のドラマー）

【歌い方参考】

12 Days Of Christmas | Kids Songs | Super Simple Songs

（チャンネル：Super Simple Songs - Kids Songs）

https://www.youtube.com/watch?v=QYyhDvuq8_Y&t=113s

song

Jingle Bells ジングルベル

Dashing through the snow,	雪の中を駆け抜ける
In a one horse open sleigh,	一頭立てのそりに乗って
O'er the field we go,	雪原を越え
Laughing all the way,	ずっと笑いながら
Bells on bob-tail ring,	しっぽのベルが鳴り
making spirits bright,	魂を輝やかせ
What fun it is to ride and sing	今夜聖なる歌を、そりに乗って
A sleighing song tonight.	歌えばなんて楽しい
Oh,Jingle bells, jingle bells,	オー　ジングルベル、ジング
Jingle all the way	ルベル　ずっと鳴り響け
Oh what fun it is to ride	一頭立てのそりに乗るのはな
In a one-horse open sleigh	んて楽しいんだ
Jingle bells, jingle bells,	ジングルベル、ジングルベル
Jingle all the way	ずっと鳴り響け
Oh what fun it is to ride	一頭立てのそりに乗るのはな
In a one-horse open sleigh	んて楽しいんだ

【歌い方参考】

Jingle Bells | Super Simple Songs

（チャンネル：Super Simple Songs - Kids Songs）

https://www.youtube.com/watch?v=eQ34DSTjsLQ

song

Silent Night サイレンナイト

Silent night, holy night	静かな夜、聖なる夜
All is calm, all is bright,	すべてが静まり、すべてが輝く
Round you Virgin, Mother and Child,	純潔なる母と子
Holy Infant so tender and mild,	聖なる赤子は優しく柔らかく
Sleep in heavenly peace,	天の平和の中で眠る
Sleep in heavenly peace.	天の平和の中で眠る
Silent night, holy night,	静かな夜、聖なる夜
Shepherds quake at the sight,	羊飼いたちはその光景に恐れおののく
Glories stream from heaven afar,	天から流れ来る栄光
Heavenly hosts sing Alleluia!	天使たちが髪を讃えよと歌う
Christ the Saviour is born,	救世主キリストが生まれた
Christ the Saviour is born.	救世主キリストが生まれた
Silent night, holy night	静かな夜、聖なる夜
Son of God, love's pure light,	神の子、愛の清らかな光
Radiant beams from Thy holy face,	汝の聖なる恵みからのまばゆい光
With the dawn of redeeming grace,	恵みの夜明けとともに
Jesus Lord, at Thy birth,	神キリスト、汝誕生の時
Jesus Lord, at Thy birth.	神キリスト、汝誕生の時

【歌い方参考】

Silent Night - 4-Year-Old Claire Ryann

(チャンネル：The Crosbys)

https://www.youtube.com/watch?v=-28cdRYzR4w

song

Rudolph the Red Nosed Reindeer ルドルフザレッドノーズレインディアー

Rudolph the red nosed reindeer	赤鼻のトナカイ　ルドルフは
Had a very shiny nose	すごく光る鼻を持っていた
And if you ever saw it	君ももしそれを見たら
You would even say it glows	光ってるって言っただろう
All of the other reindeer	そして他のトナカイたちは
Used to laugh and call him names	笑いからかい
They never let poor Rudolph	可愛そうなルドルフを
Join in any reindeer games	決して仲間に入れなかった
Then one foggy Christmas Eve	ある霧の深いクリスマスイブに
Santa came to say	サンタが言いに来た
Rudolph with your nose so bright	とても光る鼻を持ったルドルフよ
Won't you guide my sleigh tonight?	今夜私のそりを先導してくれないか？
Then how all the reindeer loved him	それからは、トナカイみんなが彼を愛した
As they shouted out with glee	そして大喜びで叫んだ
Rudolph the red-nosed reindeer	赤鼻のトナカイルドルフ
You'll go down in history!	君は歴史に残るだろう！

【歌い方参考】

Rudolph the Red Nosed Reindeer | Christmas Song For Kids | Merry Christmas

（チャンネル：TinyDreams Stories）

https://www.youtube.com/watch?v=VjL031bE9FA

song

Deck the Halls デックザホールズ

かなり古語が使われていますが、これも定番のクリスマスキャロルです。

Deck the halls with boughs of holly,	ヒイラギの枝でホールを飾ろう
Fa la la la la la la la la	ファラララララーラララララ
Tis the season to be jolly	楽しい季節だから
Fa la la la la la la la la	ファラララララーラララララ
Don we now our gay apparel,	派手な衣装に身を包み
Fa la la la la la la la la	ファラララララーラララララ
Troll the ancient Yule-tide carol,	古いクリスマスソングを歌おう
Fa la la la la la la la la	ファラララララーラララララ
See the blazing Yule before us	賑やかなクリスマスを見て
Fa la la la lala la la la	ファラララララーラララララ
Strike the harp and join the chorus	ハープをつまびきコーラスに加わって
Fa la la la la la la la la	ファラララララーラララララ
Follow me in merry measure,	私に続いて
Fa la la la la la la la la	ファラララララーラララララ
While I tell of Yule-tide treasure	クリスマスのお話を語る間
Fa la la la la la la la la	ファラララララーラララララ
Fast away the old year passes,	今年もアッと言う間に過ぎ
Fa la la la la la la la la	ファラララララーラララララ
Hail the new year, lads and lasses	男の子も女の子も新年を祝い
Fa la la la la la la la la	ファラララララーラララララ
Sing we joyous all together,	みんなで楽しく歌おう
Fa la la la la la la la la	ファラララララーラララララ
Heedless of the wind and weather,	風も天気も関係ない
Fa la la la la la la la la	ファラララララーラララララ
Fa la la la la la la la la	ファラララララーラララララ

【歌い方参考】

Deck the Halls Dance | Christmas Dance Song Choreography | Christmas Dance Crew

（チャンネル：Christmas Songs and Carols - Love to Sing）
https://www.youtube.com/watch?v=D4eNEJmMcnE

song

We Wish You a Merry Christmas ウィーウィッシュユーアメリークリスマス

We wish you a merry christmas	楽しいクリスマスを
We wish you a merry christmas	楽しいクリスマスを
We wish you a merry christmas	楽しいクリスマスを
And a happy New Year.	そして、よいお正月を
Good tidings we bring	良い便りを
To you and your kin,	あなたとあなたの家族に
Good tidings for Christmas	良い便りをクリスマスと
And a happy New Year!	幸せな新年に！

【歌い方参考】

We Wish You a Merry Christmas | クリスマスおめでとう | クリスマスソング | ピンクフォン英語童謡

（チャンネル：ピンキッツ！Pinkfong - 童謡と子どもの動画）
https://www.youtube.com/watch?v=bMZ_4iMkLHo

『Where is Baby's Christmas Present?』

Karen Katz（著，イラスト）、Little Simon
（出版／ Brdbk 版）

【概要】

クリスマスシーズンにピッタリの乳幼児向けの仕掛け絵本です。

book

【Amazon】

https://www.amazon.co.jp/dp/1416971459

【読み方参考】

https://www.youtube.com/watch?v=MQq4UJw4YPI

『Merry Christmas, Peppa!』

Melanie Mcfadyen（Adapter）、Scholastic（出版）

【概要】

人気アニメ「ペッパピッグ」のクリスマス絵本です。お馴染みのキャラクターなので、子どもも興味を持つでしょう。

book

【Amazon】

https://www.amazon.co.jp/dp/1338573314

【読み方参考】

https://www.youtube.com/watch?v=NhLVSNVJC_k

book

【Amazon】

https://www.amazon.co.jp/dp/0448459000

『Is That You, Santa?』

Margaret A. Hartelius（著）、Grosset & Dunlap（出版）

【概要】

私のスクールでも使っている楽しい絵本。絵で描かれた部分を子どもたちに読ませたりもできます。

【読み方参考】

https://www.youtube.com/watch?v=vaxVKAqIhQc

イベントの歌に関しては、前作『５歳からでも間に合う　お金をかけずにわが子をバイリンガルにする方法』でもご紹介しましたが、「世界の民謡・童謡」という音楽研究サイトが、とても充実しています。

20年近く運営され、今も更新され続けているこのサイトは、英語の童謡のみならず、世界の民謡・童謡や日本の歌やクラシックなど盛りだくさんです。

紹介されているYou Tubeなどは、多少古いものもありますが、音楽やその背景の解説などの充実ぶりには感心いたします。

私自身は、長年英語教育をやっていますが、日本人としてのアイデンティティはとても大切だと思っていますので、このサイトの日本の童謡なども参考になると思います。

世界の民謡・童謡　worldfolksong.com

http://www.worldfolksong.com/index.html

Column　英語教育のユニークな活動③

IBS（INSTITUTE OF BILINGUAL SCIENCE）
バイリンガル　サイエンス研究所

所長：大井静雄（脳神経外科医）／学術アドバイザー：原田哲男（応用言語学博士）

【対象年齢】英語教育に関心ある方全般

【概要】海外の研究内容を広く伝えるため、論文をそのまま翻訳するのではなく、研究員がその内容を分かりやすくまとめた記事をウェブサイトに掲載しています。他にも、英語教育の最前線で活躍している研究者などを取材し、日本の英語教育の現状や問題点、将来の方向性などをコラム記事として掲載しています。
また、「みんなの疑問」のコーナーでは、「バイリンガル環境で子どもを育てると、子どもの言語発達が遅れる原因になりますか？」といった一般の方からの質問に対して、海外の多くの研究に常に触れている研究員が、初期の言語発達、語彙学習、語彙発達の評価など、エビデンスを伴いながら回答しています。

JPS（Japanese Parenting Support）Group
無料オンライン教育ツール

共同代表：渡邊理佐子（リーダーシップコーチ）／長沼仁美（心理学博士）

【対象年齢】0歳～18歳

【概要】２０２０年３月にアメリカのカルフォルニア州に在住する日本人女性たちによって設立された、世界中の日本人・日系人の子育てサポートを目的としたボランティアグループです。主にウェブサイト上で育児や子育てに役立つ情報（無料オンライン教育ツール・コロナ禍の心のケア・無料相談窓口・教育支援団体・家族で楽しめる娯楽情報等々）を発信しています。定期的にブログで情報発信もしています。また、育児・子育てについてのオンラインセミナーも開催しています。

Step4
英語教育専門機関に頼るなら

英会話教室・オンラインスクール・インターナショナルスクール

家庭で頑張って、You Tube を見せたり、英語絵本を読んだり、英語で話しかけたりしても、やはり限界を感じることもあるでしょう。

また、子どもの年齢が上がるにつれて、英語以外にも教えなければならないことや、学ばせたいことがたくさん出てくると思います。特にお仕事をしているお母さんは、子どもと関われる時間にも限りがありますね。

そんな時には、英語教育の専門機関に頼るという方法もあります。

英語教育の専門機関としては、英会話教室とオンラインスクール、インターナショナルスクールがあります。

英会話教室

乳幼児のレッスンは大抵1回30～40分くらいです。歌や手遊びや、身体を動かしたりしながら、英語に慣れさせるのが目的です。また、英会話教室では、先生という立場の人とのレッスンになりますので、親に対しては甘える子どもでも、教室ではそうはいきません。

外国人講師の場合は、ネイティブの英語だけでなく、外国人に慣れることもできます。ただ、子どもによっては外国人を怖がる場合もありますので、その場合は日本人講師から始めて、まずは英語に慣れることから始めるといいでしょう。

また、グループでのレッスンの場合は、家ではできないようなゲームもできますし、お友達との競争がいい効果を生むかもしれません。例えば、「○○ちゃんに負けたくないから頑張る」とか「○○君より早く話せるようになりたいから頑張る」などの刺激を受けて、家でも頑張ってくれるようになればいいですね。

勉強と考えるのではなく、また効果を過度に期待するのではなく、あくまでも**英語に興味をもたせるためのきっかけづくりや、環境づくりの一環**として利用しましょう。

オンラインスクール

インターネットを利用して、講師も生徒も自宅から利用できるオンラインスクールは、何と言っても送迎が要らないところが魅力です。また、費用も英会話教室に通わせるより安くなります。1レッスンは大抵20～30分です。

オンラインスクールは一般の英会話教室より目的やコースをより細分化することが可能です。例えば、歌やゲーム中心、日常会話習得、読み書きを含めたお勉強的なもの、フォニックスを学ぶもの、発音矯正、検定試験対策など。ですので、目的をもってレッスンを選ぶ必要があります。

私は、**オンラインレッスンはある程度英語力がある子が、短時間でも毎日、英語力の維持のために活用するのに向いている**と思っています。ただし、パソコンの前で座っていなければならないので、3、4歳の幼児にはちょっと難しいかもしれません。

インターナショナル（プリ）スクール

就学前の幼児の場合は、インターナショナルプリスクールということになります。インターナショナルプリスクールのメリットは、何と言ってもその圧倒的な英語力です。一般的には最低でも毎日4～5時間は英語に接することになります。

私のスクールでは毎日ショートで6時間、ロングだと8時間英語に接することになります。そのうちの30分だけは日本語タイムをとって、日本の絵本の読み聞かせなどを行っていますが、それ以外は、レッスンだけでなく、遊びもランチタイムもすべて英語になります。3歳または年少から年長まで3～4年、十分な英語環境にいるわけですから、当然ながら高い英語力が身につきます。

費用が高いのがデメリットですが、幼保無償化の補助が受けられれば非常にコスパが良くなります。例えば、私のスクールの場合、受講料は9時から3時までのお預かりで、1か月5万8000円です。私のスクールは認可外保育施設ですので、3万7000円の補助が受けられ、実際かかる費用は2万1000円ということになります。

各スクールの特徴や選び方のポイントについては、次のページでまとめましたので、お子さんに合う形態を見つけてあげてください。

オンラインスクール	インターナショナルプリスクール
お勧めは年長さん以上。3、４歳には難しいかもしれません。	３歳または年少から小学校入学まで（小学校からはインターナショナルスクールに通う選択肢もあります）。
・自宅でできるので送迎が不要 ・英会話教室に通わせるより費用が安い ・毎日受講することも可能 ・家族で受講することも可能 ・個人レッスンなら自分のレベルに合わせてもらえる	・長時間の学習でインプットとアウトプットがしっかりできる ・高い英語力が身につく ・欧米文化が学べる ・国際感覚が身につく
・特に３、４歳の初心者の幼児にとっては、よほど興味を持たないとジッと座っているのは難しい ・できるゲームが限られる	・費用が他の２つに比べて高め（ただし、補助を受ければコスパは良い） ・そのままインターナショナルスクールに進学した場合、日本文化を学ぶ機会がなくなってしまう
英会話教室の選び方に加えて、 ①外国人の先生がネイティブスピーカーか（フィリピン人の英語力はほぼネイティブと考えていいと思います／英検対策なら日本人講師の方が良い場合も） ②あまり体が動かせない状態のレッスンでも子どもが楽しめるレッスン内容か ③気に入った先生の予約は取れるのか ④子どもの進捗状況をきちんと管理してもらえるか ⑤レッスンの時間帯などが子どもに合うか ⑥家族も一緒に学びたいならば、同じ料金で兄弟家族も参加できるかどうか ⑦予約やキャンセル・コース変更、解約などの手間が少ないか	①毎日通うことができる立地かどうか ②基本的には英語のみなので、子どもが雰囲気になじめるかどうか ③スクールの方針が子どもに合うか（お勉強要素が強いのか、自由にのびのび型か、それがわが子の特性や性格に合うか） ④毎日長時間を過ごす場所になるので、子どもの人格形成にとってどうか
・おしゃべりな子 ・好奇心の強い子 ・ジッとしているのが平気な子 ・読み書きに興味を持っている子 ・親に見られると張り切る子	・活発で物おじしない子 ・自己主張の強い子 ・英語が特に好きな子 ・外国や外国人に興味を持っている子 ・海外に行く（親の転勤などで）可能性のある子

※インターナショナルプリスクールに関しては、Preschool Park というサイトが全国のプリスクールの情報を掲載していて参考になります。このサイトは、ご自身のお子さんのプリスクールを探すのに苦労したからと、個人で作っておられるサイトです。
Preschool Park　https://preschool-park.com/

<table>
<tr><th></th><th colspan="2">英会話教室</th></tr>
<tr><td>種類</td><td>大手</td><td>個人</td></tr>
<tr><td>対象年齢</td><td>大抵３歳からの受け入れです。</td><td>大抵は３歳からですが、地域の小さな教室や、市町村の子ども向けイベントなどでは、０～２歳児のための教室を開催していることもあります。</td></tr>
<tr><td rowspan="2">メリット</td><td colspan="2">・グループでのレッスンなら家ではできないようなゲームができる
・お友達から刺激を受けられる</td></tr>
<tr><td>・きちんとしたシステムで運営されている
・先生の人数も多いので、色々な先生に接することができる</td><td>・子どもの成長をしっかり見てもらえて進捗状況もよくわかる
・色々な面で融通がきく
・先生に個人的に相談したりもできる</td></tr>
<tr><td rowspan="2">デメリット</td><td colspan="2">・幼児の場合送迎が必要</td></tr>
<tr><td>・システマティックで、先生がいつも同じではない
・先生が選べない
・先生が変わることも多い</td><td>・先生の都合が優先されることがある</td></tr>
<tr><td>選び方のポイント</td><td colspan="2">①月謝が高すぎて、子どもにプレッシャーをかけてしまうような金額ではないか
②先生と子どもの相性が良いか
③カリキュラムや教材が子供の興味を引くものか
④先生が毎回コロコロ変わることはないか
⑤生徒同士で日本語でおしゃべりばかりしていないか
⑥子供の気質（動き回りたい子かじっとしていたい子か）に合っているか</td></tr>
<tr><td>向いている子</td><td>・友達と関わるのが好きな子
・負けん気や競争心の強い子
・ライバルがいると伸びる子</td><td>・人見知りの激しい子
・大人しくてなかなか自分を出せないような子</td></tr>
</table>

※子ども向けオンラインスクールに関しては、私がインタビューを受けたサイトがありますので、こちらも参考にしてください。Your SELECT. https://cuebic.co.jp/your_select/english/eg004
また、しまろんパパさんの「進め！　英語少年」というサイトが、たくさんのオンラインスクールをリサーチして、わかりやすくまとめておられるので、参考になります。
【２０２１年最新】オンライン英会話おすすめランキング！　人気 22 社の料金や特徴を徹底比較 |進め！英語少年（shimaronpapa.com）

英語検定試験を利用する

語学に関しては、自分がどの程度話せるのかを知るのはとても難しいですね。日本語はペラペラと思っている私でも、未だに初めて聞く日本語の言葉や知らない単語があります。英語ならなおさらです。

なかなか成果が見えづらいものですから、検定試験を受けて試してみるというのも1つの方法です。

英語検定試験の捉え方

幼児期から小・中学生くらいまでに受験する英語検定は、大人が目指す資格取得とはまったく違う捉え方が必要です。

時々「○歳で英検○級合格!」などということが話題になったりもしますが、仮に6歳で英検2級に合格したとしても、その後の学習次第で、大人になった時に役立つとは限らないからです。

資格を持っているだけで満足という資格マニアもいるかもしれませんが、私自身は、資格というのは、実際に役立ってこそ、その価値があると思っています。

子どもの場合、大人と違って資格を就職やビジネスに活かそうというわけではないので、あくまで自分の実力を知るためや、英語学習の動機付けや目標として考えていきましょう。

そのためには、テストの準備から結果までが、子どもの英語学習のモチベーションになるようにもっていきましょう。

私のスクールでは、年少さんから国連英検ジュニアテストを受験させています。国連英検には合格不合格がなくて、立派な証書がもらえるからです。英語の実力を知るためというより、リスニングテストに慣れさせるということが大きな目的です。

テストを、英語のゲームのような感覚で受験させ、緊張せずにテストが受けられるようにしています。ですから、テストが終わった後、子どもたちはみんな「楽しかった！」と言います。もし、できない問題が出てきても、それに囚われずに次に進むようにと指導しています。

テストの結果は、ほとんど気にしません。もっとも毎日英語に触れている子どもたちですので、よくできるのですが。

「テストの成績がこんなに悪かったのだから、もっと頑張りなさい！」より「テスト楽しかったね。今度頑張ってもう少し難しいのを受けてみよう」と言う方が、効果的だと思うからです。幼児期のテストは、ぜひ緊張させずに楽しんで受験できるようにもっていってください。

子どもが受験できる英語検定試験

さて、お子さん自身がどれくらい英語が理解できるか気になりだして、本人が受けてみたいというなら、ぜひチャレンジさせてください。

子どもが受験できる英語検定試験の主なものをご紹介します。

なお、受験の目安として、英語学習歴が書かれていることも多いのですが、英会話教室で週に1回50分なのか、オンラインで2~30分を毎日なのか、またはインターナショナルプリスクールで5、6時間を毎日など、学習の密度によってまったく違ってきます。

親としては、「もう2年英会話教室に通わせている」と思うでしょう。でも、仮に1年52週のうち50週通ったとして50分のレッスンなら約2500分です。2年で約5000分ですね。

とすると、2年通っても約83時間で、日数にするとたった3日半程です。また20分のオンラインレッスンを週5日受講したとして、1年で5200分です。毎日やったとしても、日数にするとやはり3日半程です。

大人だって、3日半英語漬けになったからと言って、英語ができるようにはならないですよね。そのあたりも考慮して、過度なプレッシャーをかけないように、楽しく受験できるように考えてあげてください。

子どもの場合は、実力よりやや低めのレベルから受験することをお勧めします。難しいと思わせてしまうと嫌になってしまうことも多いからです。

対象年齢／コース	参考
ヤングラーナーズイングリッシュは、さらに次の3コースに分かれています。 Starters　初心者レベル Movers　中級者レベル Flyers　上級者レベル ここでは省略しますが、13歳から18歳を対象にしたコースもあります。	
特に年齢制限はありませんが、大学入試のためのテストですし、テストはすべてパソコンで実施され、解答もパソコンですることになりますから、基本的に対象は高校生以上となるでしょう。	
TOEICも年齢制限はありませんが、ビジネスに関連したような問題も出ますから、やはり高校生くらいからと考えた方がいいでしょう。 将来の目標と考えるといいかもしれません。	
一番下のEコースは、クレヨンで丸をつけて解答するので、ひらがなやカタカナも読めない3歳でも、受験できるレベルです。一番上のAコースは、読み書きが入ってきますので、中学生レベルになります。 私のスクールでは、3、4歳の年少児にはEコース、4、5歳の年中児にはDまたはCコースを、5、6歳の年長児にBコースを受験させています。Aコースを受けさせないのは、読み書きに本当に興味をもつ年齢は個人差が大きいこと、また小学校以降の英語学習を真剣に受けてもらいたいと考えているからです。	
5級は初歩的な英語を理解している、4級は簡単な英語を理解してそれを使って表現できる、3級は基礎的な英語の集大成。会話力が必要、準2級は日常生活に必要な英語を理解し使用できる、2級は社会生活に必要な英語を理解し使用できる、準1級は入試や採用試験などで資格として認知されるレベル、1級は大学上級レベルです。 私のスクールの卒園生は3、4級あたりから受験しているようです。	
コースは、BRONZE, SILVER, GOLDの3コースです。 BRONZE　日常生活の基本的な挨拶や単語、文章の聞き取り　40問 SILVER　日常生活における簡単な会話を理解する　45問 GOLD　日常生活の会話や文章を聞いて内容を理解する　50問 GOLDがすんだら英検5級に進みます。	
6級から1級まで、3歳から14歳くらいまでを対象にしています。 6級　3～7歳　英語学習半年程度 5級　5～8歳　英語学習1年程度 4級　7～10歳　英語学習1～3年程度 3級　8～11歳　英語学習2～4年程度 2級　9～12歳　英語学習3～5年程度 1級　10～14歳　英語学習4～6年程度	

名称	概要
ケンブリッジ ヤングラーナーズ 英語検定 (YLT)	世界60か国で受験されている国際的な英語検定です。レベルによって受験できるコースが段階的に設定されています。 6歳から12歳までを対象にした英語の検定であるYLE　Young Learners English　ヤングラーナーズイングリッシュは、リスニングだけでなく、スピーキングやリーディング、ライティングを含めた4技能が問われるテストです。テスト自体は、カラフルな試験用紙で、塗り絵などもあり、子どもが緊張せず楽しく取り組めるように工夫されています。
TOEFL (トーフル)	国際的に通用する試験で、TOEFLは学校で使われるアカデミックな英語力を査定するためのテストです。 リスニング、スピーキング、リーディング、ライティングの4技能すべてが出題され海外の大学に入学したい場合に必要とされます。
TOEIC (トーイック)	国際的に通用する試験で、日常会話やビジネスでの英語力を測ります。通常はリスニングとリーディングの2技能のテストです。 大学の講義を受けるのに必要とされる英語力を測るTOEFLは、かなり難易度が高いですが、TOEICは日常生活で使われる会話がメインになりますので、ハードルは低いかもしれません。
国連英検 ジュニアテスト	国連英検は、英会話スクールなどに通っていなくても、個人で受験することもできます。家庭での英語学習で、本人も成果をみたいと言い出せば、申し込んでみるといいでしょう。 国連英検ジュニアテストが修了したら、高校生以上向けの国連英検もあります。国連英検は英語力のみならず、国際情勢に関する理解力なども必要になりますので、外交官など世界で活躍したい人には有効なテストと言えます。
英検	日本では一番メジャーな英語検定試験でしょう。 英検は小学生から大人まで、幅広い年代が受験できるテストです。 レベルに応じて5級、4級、3級、準2級、2級、準1級、1級の7段階あって、どの級からでも受験できます。
英検 Jr.	英検ジュニアは、英語力の判定というより、英語に親しみ、興味や関心を持たせることを大きな目的にしていますので、問題用紙はカラフルで、聞き取りのテストのみになります。 団体で受験するペーパーテストだけでなく、オンラインで個人で受験することも可能です。時代に合わせて試験の様式もどんどん変わってきています。また、国連英検ジュニアテスト同様、合格不合格はありませんので、英語学習を始めたばかりの幼児や小学生のモチベーション維持に利用するといいでしょう。
JAPEC 児童英検	子どものための英語検定としてこちらも長い歴史を持っています。 リスニングテストとスピーキングテストで構成されています。読み書きではなく実際に使える会話力を測ると考えるといいでしょう。 スピーキングテストは、時間は短いですが、担当教師との個人面談になります。

Column　英語教育のユニークな活動④

『絵本 de 英語』（財）絵本未来創造機構

【対象年齢】０歳～６歳の子どもの親

【概要】『絵本 de 英語』は、英語のプロ集団と絵本の専門家が監修した、親向けの全５回の講座です。
日本人の約 70%が英語に苦手意識をもっている現状を変えていくために、幼少期に家で英語に楽しく触れる第一歩として、オンラインでも開催しています。
絵本だからこそ、単語ではなくセンテンスで英語を聞き、覚え、話すようになる。
絵本だからこそ、誰でも何度でもどこででも読め、楽しく繰り返すことができる。
『絵本 de 英語』のポイントは、親御さんの思い込みを外す、多様性を身につける、英語を英語のまま感じる、手遊びで楽しく脳を育む、そして自己肯定感を高めることです。
この講座を受講することで、英語が「苦手」から「楽しい」へと変身し、日常に自然に英語を取り入れられるようになっていきます。

Step5 英語教育Q＆A

英語教育で気になるQ＆A

家庭での英語教育を始めようと思ったけれど周りからは「やったってどうせすぐに忘れるよ」と言われてしまってどうしようか迷っている。
頑張って始めたけれど、子どもの発音がおかしい、読み書きをいつから取り入れていいかわからない、などいろいろ不安や疑問が出てくることでしょう。
ここでは、皆さんが不安に思うことや疑問に思うことにお答えします。

Q・幼児期に学んでもすぐに忘れてしまいませんか？

A・これはよく聞くことかもしれませんね。答えはYesでもありNoでもあります。

というのは、幼児期にどれくらいインプットできたかによるからです。

すぐ忘れるよと言う人は、恐らく1週間に1回かせいぜい2回、50分くらいの英語のレッスンを1年か2年受けたというような状況を想定していると思います。

実際私も、「子どもの頃に英語習ってましたけど、全然覚えていません」という若者に「どれくらい習ったの？」と聞くと、その程度でした。ですから、1週間に1回の英会話教室で1年習ったくらいでは、答えはYesです。

Noと言えるケースは、幼児期に徹底的に英語を聞く機会があった場合です。

私は1988年に英会話スクールを始めた時に、4歳から高校卒業時まで続けられるカリキュラムを作りました。週に1回50分くらいの英会話学習なら、少なくとも4、5年は続けないとバイリンガルになれないと思ったからです。

実際当時5、6歳から高校卒業まで続けてくれた子が何人かいましたが、彼らは帰国子女にも負けないほどの完全なバイリンガルになりました。

本人が英語が大好きになって、2歳から6歳まで家庭で毎日英語を必ず聞いていたというなら、忘れません。脳の言語野に完全にインプットされるからです。

一時的に忘れたと思っても、英語環境に入れば取り戻せます。いわゆる「勘が戻る」

というような状態になります。ですから、私は幼児期の家庭での英語環境づくりをお勧めするのです。そして、今は本当にラッキーなことに、それが簡単にできるからです。ぜひ、頑張って英語環境をつくってください。

Q・通信教育でも効果ありますか？

A・例えば、親が気に入って子どもに無理やり受けさせたという場合なら、効果は疑問です。やっているふりはするかもしれませんが、いやいややっても頭には入っていないでしょう。

でももし、本人が興味を持って、本人がやりたいと言ってやるなら、もちろん効果はあります。ですからポイントは、本人にやりたいと思わせることです。

それには、子どもの好きなキャラクターなどが使われているものがお勧めです。

3歳くらいまでは、置いておけばキャラクターに惹かれて見てくれるでしょう。4、5歳になれば、本人に「やってみる？」と聞いて、本人の意志を聞いてあげましょう。

一旦嫌と言っても、時期がくればやりたがるかもしれません。

Q・子どもの発音がおかしい時は注意したほうがいいですか？

A・これはやめてください。はっきり言って、子どもの耳の方が確かです。

昔の笑い話に、“What time is it now?”を、「ワットタイムイズイットナウ？」と聞いても全く通じなかったのが、「掘った芋いじるな」と言ったら通じたというのがあります。それくらいネイティブの発音は、日本人が習ってきた英語と違うのです。

子どもの耳は大人のように母国語に染まっていないので、聞いたままを発音します。子どもの発音の方が正しいと思ってください。

ただし、もし日本語でも、発音がおかしいと思うようなことがあれば、耳の機能に問題がある場合もありますから、一度耳鼻科でチェックしてもらってください。

Q・子どもが英語は嫌だと言った時はどうすればいいでしょうか？

Ａ・まず、４歳から小学生くらいの子に、初めて英語を学ばせようとしたところ、「英語は嫌だ」と言われたとします。その場合は、その時は一旦諦めましょう。

ただし、英語の環境づくりは始めてください。子どもではなく親が聞きたい見たいから と、英語動画を流したり、英語の絵本を読んで（読むふりでもＯＫ）みてください。

また、一緒に行動している時に、英語の看板や商品の表示を見て、スラスラと読んでみるか、逆に「なんて書いてあるんだろう」と読めないことを悔しがってください。

もし、同年代の子が英語を話しているような動画があれば、それを見せたり、周りに実際英語を学んでいる友達などがいれば、それとなく知らせてみましょう。

この時は、決してその子と比べてわが子を非難したりしないでくださいね。

例えば、「〇〇君は、英語を習うようにしたんだって。そしたら、電車の中で外国人に話しかけられてちゃんと答えていたって。すごいね」のように、単なるエピソードとして話してください。そうして、本人が興味をもつのを待ちましょう。

無理にやらせても効果はでませんし、時間とお金の無駄になってしまいます。

次にすでに英語をある程度身に付けてきたのに、突然「英語は嫌だ」と言い出した場合です。そういう時は、何か壁にぶち当たったか、学習している時に何か嫌なことがあったか、他に興味を引かれるものがでてきたか、あるいは単にちょっと飽きちゃったのかもしれません。

長くお稽古事をしていると、大人でもありませんか？　ちょっとマンネリになって、気分が乗らなくなることが。ですから、あまり深刻に捉えないで、「ああ、そうなの？」くらいに軽く流しておけばいいと思います。「やりたくなければ、やらなくていいよ」「やりたくなったらまたやるといいわ」くらいに。

親がムキになってやらせようとすると、ますます反発してきます。押すと逃げますが、引くと寄ってきます。

少しくらいのブレイクはあってもいいでしょう。

ただしこの場合も、子どもが見ても見なくても、英語の環境づくりは続けましょう。

おわりに

気づけば私が子どもの英語教育に携わって、もう40年近く経ちました。

さらにこの15年間は、自身の英語プリスクールで、保育士として子どもたちの指導にあたってきました。

英語教育と同時に幼児教育にも長年取り組んできましたが、私はいつも、子どもたちの今ではなく、子どもたちが大人になる頃の社会を見据えて、教育に取り組んできました。

なぜなら、子どもたちが大人になった時に、自分の人生をたくましく生きていけるようにするのが、教育の本来の目的だと思うからです。

そのためには、子どもたちが大人になる頃の社会がどうなっているかを考えることは、とても大切なことだと思っています。

さて、皆さんはこれからどんな社会になるとお思いでしょうか？
子どもたちが大人になる頃の社会です。
英語に関して言えば、今の子どもたちが大人になる頃には、できることが有利ではなく、できることが当たり前の社会になるでしょう。
良い意味でも悪い意味でも、世界は完全につながっています。
インターネットの普及で、一国で起こった出来事が、瞬く間に世界に広がり、その情報はまるで水のように隅々にまで浸透していきます。
既に今も、ネット環境さえあれば誰でも簡単に海外の情報が得られますね。
世界の情報が瞬時に伝わってくる時代。これはもう誰にも止められません。
ですから、今後世界の情報が理解できるかどうかは、今の私たちが思っている以上に重要なことになるでしょう。

だからこそ、子どもを持つ多くの親御さんたちが、
「子どもには英語を話せるようになってほしい」
と思っているのではないでしょうか？

それが、この本を手に取っていただいた理由かもしれませんね。
特に英語で苦労した親にとっては悲願とも言えるかもしれません。
自分が受けてきたような日本の英語教育では、英語が話せるようにはならないとわかるからです。
でも、この本を読み終えたあなたは、その解決策がもうお分かりですね。
子どもが自分から英語のアニメが見たいと言い出し、英語学習を楽しんでくれる。
覚えた英語を口に出し、英語の絵本が読みたい、英語で手紙が書きたいと言い出す。
それは、「英語を好きにさせること」
今日からぜひ、子どもに英語を好きにさせるという目標に取り組んでください。
この本が、その手助けになることを心から願っています。

なお、絵本の選定には、沖縄の英語教師神谷志伸さんとLisa Korkowskiさん、石川良美さんに、You Tubeチャンネルに関するアンケートにはレイノルズ容子さんにご協力いただきました。心から感謝いたします。
また、この本に紹介させていただいたYou Tubeチャンネルや絵本作家、英語サイトなど、英語教育に携わっておられる多くの皆様にも感謝いたします。

最後に、この本の出版の機会を与えてくださった彩図社、並びに編集者の大澤泉さんに深く感謝いたします。

平川裕貴

【著者略歴】
平川 裕貴（ひらかわ・ゆうき）

日本航空CA、ブリタニカ子ども英語スクールマネージャーを経て、1988年子ども英語スクール「リリパット」を神戸と大阪に開校。外国人講師による子ども英語教育の先駆的存在。2006年から、幼児期の教育が人格形成にとても重要だと実感し、3歳から6歳までを預かるインターナショナルプリスクール（リリパットリトルキンダー）を開校。現在も保育士として、子どもたちを幅広い視野と思いやりを持ったバイリンガルに育てている。
また、長年欧米文化に触れてきた経験から、日本と欧米の優れた点を取り入れたしつけを提唱する幼児教育研究家として、幼児教育・英語教育関連の執筆活動を続けている。
フジテレビ『ホンマでっか!?TV』『AbemaTV』に子ども教育評論家として出演。
著書『グローバル社会に生きる子どものための－6歳までに身に付けさせたい－しつけと習慣』（ギャラクシーブックス）、『5歳からでも間に合う　お金をかけずにわが子をバイリンガルにする方法』（彩図社）、『モンテッソーリ教育で伸びる子を育てる！』（彩図社）

「好き」になるからぐんぐん伸びる！

0～8歳までの子ども英語

2021年11月24日第一刷

著者　平川裕貴

発行人　山田有司

発行所　〒170-0005
株式会社彩図社
東京都豊島区南大塚3-24-4MTビル
TEL：03-5985-8213　FAX：03-5985-8224

印刷所　シナノ印刷株式会社

イラスト　イクタケマコト

URL https://www.saiz.co.jp　https://twitter.com/saiz_sha

　ISBN978-4-8013-0562-5　C0082